AF503925

CATALOGUE DES LIVRES

DE FEU

MONSIEUR

LE CHEVALIER PERRIN,

Dont la vente se fera rue de Beaune, vis-à-vis
l'Hôtel de Nesle, & sera indiquée
par Affiches.

A PARIS,

Chez DAMONNEVILLE, Libraire, Quai des
Augustins, à S. Estienne.

M. DCC. LIV.

CATALOGUE
DES LIVRES
DE FEU
M. LE CHEVALIER PERRIN.

THEOLOGIE.

Ecriture Sainte, Interprétes, Liturgies & Saints Peres.

1 BIBLIA Sacra. *Parisiis, Vitré, 1652. 20 vol.* 12 *in 12.*

2 La Bible trad. en Franç. le Latin de la Vulgate 6 à côté, par M. Louis-Isaac le Maître de Sacy. *Liege, 1702. 4 vol. in fol.*

3 La Sainte Bible, contenant l'Ancien & le Nou- 34 veau Testament, par le même. *Mons, 1713. 2 vol. in 4. g. p. avec un très - grand nombre de figures.*

4 La Bible trad. en Franç. par M. le Gros. *Colog.* 6 *1739. in 8. m. r.*

5 Nouvelle Traduction de la Bible, suivant la 8. *Vulgate. Bruxelles, 1745. 5 vol. in 4.*

6 L'Histoire du Vieux & du Nouveau Testament, par Royaumont. *Paris*, 1691. *in* 12.

7 Histoire du Vieux & du Nouveau Testament, par Martin. *Anvers*, *Mortier*, 1700. 2 *vol. in fol. fig.*

8 Discours Hist. Crit. Théol. sur les événemens les plus mémorables du Vieux & du Nouveau Testament, par Saurin, avec des figures gravées par Picart. *Amst.* 1720. *3 vol. in fol. g. p. m. r.*

9 Explication littérale de l'Ouvrage des six jours, par M. Duguet. *Brux.* 1731. *in* 12.

10 Explication du Livre de la Genese, par MM. Duguet & d'Asfeld. *Paris*, 1732. *6 vol. in* 12.

11 Le Sens propre & littéral des Pseaumes de David, par le P. Lallemant. *Paris*, 1715. *in* 12.

12 Pseautier distribué pour tous les jours de la semaine, avec des notes tirées des Peres de l'Eglise & des Interprétes anciens & modernes. 1742. *in* 12. *m. r.*

13 Paraphrases des Pseaumes de David en vers Fr. par Ant. Godeau, & mis en chant par Thomas Gobert. *Paris*, 1686. *in* 12.

14 Stances Chrétiennes sur divers passages de l'Ecriture Sainte, par M. l'Abbé Testu. *Par.* 1703. *in* 12.

15 Les Proverbes de Salomon. *Lislebourg*, 1601. *in* 8. *m. citr. antiqué. Ce Livre est gravé, & enrichi de fig. & vign.*

16 Explication du Livre de Job. *Paris*, 1734. *4 vol. in* 12.

17 Le Nouveau Testament de J. C. *Mons*, 1667. *2 vol. in* 12.

18 —— Le même. *Mons*, 1684. 2 *vol. in* 12.

19 Défense de la Traduction du Nouveau Testament de Mons. *Cologne*, 1668. *in* 12.

20 Nouvelle Défense de la Traduction du Nou-

veau Testament de Mons, par Antoine Arnauld.
Cologne, 1680. 2 vol. in 8. m. cit.

21 Observations sur la Nouvelle Défense du Nou-
veau Testam. de Mons, par Ch. Mallet. Rouen,
1684. in 8.   3

22 Explication de l'Epître de Saint Paul aux Ro-
mains & aux Galates. 1732. 4 vol. in 12.

23 Méditations sur la Concorde de l'Evangile, par   3   15
M. le Gros. Paris, 1730. 3 vol. in 12.

24 Histoire Sacrée en Tableaux, par Brianville. 13
Paris, 1675. & 1677. 3 vol. in 12. fig. v. f.

25 Abregé de l'Histoire de l'Ancien Testament, 19   15
par M. Mezanguy. Paris, 1737. 9 vol. in 12.

26 Réfléxions Morales sur les quatre Evangelistes, 3   10
par l'Abbé de la Trappe. Paris, 1699. 4 vol.
in 12.

27 Histoire Critique du Vieux & du Nouveau 15
Testament, par Richard Simon. Rotter. 1685.
6 vol. in 4.

28 Horæ Diurnæ Breviarii Romani. Colon. Agripp. 1   10
1685. in 18. m. n.

29 Breviarium Parisiense D. Caroli-Gaspar. Guil- 9   15
lelmi de Vintimille. Paris, 1736. 4 vol. in 12.

30 L'Office de l'Eglise en Latin & en François, 3   1
par MM. de Port-Royal. Paris, 1700. in 8. m. r.

31 L'Année Chrétienne, par M. le Tourneux. 23   1
Bruxelles, 1703. 11 vol. in 12.

32 L'Office de la Semaine Sainte en Latin. Paris,   12
in 8. m. v.

33 L'Office de la Semaine Sainte Lat. Fran. Paris, 3   12
Leonard, 1698. in 8. m. r. fig.

34 L'Office du Saint Sacrement. Paris, 1661. in 8.

35 L'Office de Jesus, Lat. Fran. par Pierre de Be-
rulle. Paris, 1673. in 8. m. r. doublé de m. r.   1   10
d. f. t.

36 Défenses des Versions de l'Ecriture Sainte, des   10

THEOLOGIE.

Offices de l'Eglise & des Ouvrages des Peres,
& en particulier de la nouvelle Traduction du
Breviaire, contre la Sentence de l'Official de
Paris du 10 Avril 1688. *Col.* 1688. *in* 12.

37 L'Octavius de Minucius Felix, trad. par M. d'A-
blancourt. *Paris*, 1677. *in* 12.

38 Les Confessions de S. Augustin, par Robert Ar-
nauld d'Andilly. *Paris*, 1683. *in* 12.

39 La Cité de Dieu de S. Augustin. *Amst.* 1736.
4 *vol. in* 12.

40 Saint Augustin, de la Prédestination des Saints
& du Don de la Perséverance, trad. en Franç.
par Ant. Arnauld. *Paris*, 1666. *in* 12.

Théologiens Scholastiques, Moraux, Catéchetiques,
Sermonnaires & Mystiques.

41 Emman. Rodriguez Summa Casuum conscien-
tiæ. *Colon. Agripp.* 1620. *in* 4.

42 Melchioris Cani Opera. *Parif.* 1704. *in* 4.

43 Lud. Thomassini Dogmata Theologica de Verbi
Dei Incarnatione. *Parif.* 1680. *in fol.*

44 De la Fréquente Communion, par Antoine Ar-
nauld. *Paris*, 1643. *in* 4.

45 La Tradition de l'Eglise, sur la Pénitence & sur
la Communion, par le même. *Paris*, 1644. *in* 4.

46 Jac. Sirmondi Historia Pœnitentiæ Publicæ.
Parif. 1651. *in* 8.

47 Les Tableaux de la Pénitence, par Ant. Go-
deau. *Paris*, 1656. *in* 4.

48 Idée de la Conversion du Pécheur. 1732. *in* 12.

49 Traités du Libre-Arbitre & de la Concupiscen-
ce, par Jacques-Benigne Bossuet. *Paris*, 1731.
in 12.

50 De l'Action de Dieu sur les Créatures, Traité
dans lequel on prouve la Prémotion Physique.

par M. Bourſier. *Paris*, 1715. *in* 4.

51 Réfléxions de M. le Nain de Tillemont ſur di-
vers ſujets de Morale. *Col.* 1711. *in* 12. 1 17

52 Abregé de la Morale de l'Evangile, par le P. Q.
Paris, 1674. *in* 12.

53 Traités de Piété, par M. Hamon. *Paris*, 1689. 1 10
2 *vol. in* 8. *d. ſ. t.*

54 —— Le même. *Amſt.* 1727. & 1730. 2 *vol.* 2
in 12.

55 Recueil de Lettres & Opuſcules , du même. 2 11
Amſt. 1734. 2 *vol. in* 12.

56 De la Solitude , par le même. *Amſterd.* 1734. 12
in 12.

57 Inſtructions Chrétiennes & Morales ſur les Sa-
cremens, par le même. 1733. *in* 12. 1 11

58 Inſtructions Chrétiennes & Elevations à Dieu
ſur la Paſſion. *Paris* , 1711. *in* 12.

59 Traité des Principes de la Foi Chrétienne, par 4 15.
Duguet. *Paris*, 1736. 3 *vol. in* 12.

60 Traités ſur la Priere publique & ſur les diſpo- 1
ſitions pour offrir les Saints Myſteres , par le
même. *Paris*, 1707. *in* 12.

61 Explication du Myſtere de la Paſſion de N. S.
J. C. ſuivant la Concorde, par le même. *Amſt.*
1731. *in* 12. 3

62 Le Tombeau de J. C. ou Explication du Myſ-
tere de la Sépulture , ſuivant la Concorde , par
le même. *Brux.* 1731. *in* 12.

63 Recueil de quatre Opuſcules fort importans , 1 10
du même. *Utrecht* , 1737. *in* 12.

64 Pratiques de piété pour honorer le S. Sacre-
ment. *Col.* 1683. *in* 8. *d. ſ. t.* 3 11.

65 L'Agneau Paſcal, par Richard, Curé de Triel.
Col. 1686. *in* 8. *d. ſ. t.*

66 Catéchiſme Hiſtorique, par Cl. Fleury. *Paris* , 3 9
1730. 2 *vol. in* 12.

67 Instructions générales en forme de Catéchisme, par M. de Colbert, Evêque de Montpellier. Paris, 1707. *in 4.*

68 Exposition de la Doctrine Chrétienne, ou Catéchisme, composé par le P. Bougeant. *Paris*, 1741. *in 4.*

69 Exposition de la Doctrine Chrétienne. *Utrecht*, 1744. 6 *vol. in* 12. *v. f.*

70 Instructions Chrétiennes sur les Mysteres de N. S. J. C. par M. de Saint-Glain. *Paris*, 1736. 12 *vol. in* 12.

71 Exhortations & Instructions Chrétiennes, par le P. Bourdaloue. *Paris*, 1721. 2 *vol. in* 8.

72 Retraites Spirituelles à l'usage des Communautés Religieuses, par le même. *Paris*, 1721. *in* 8.

73 Sermon de M. Jacques-Benigne Bossuet, prêché en 1681. à l'ouverture de l'Assemblée du Clergé. *Paris*, 1682. *in* 12.

74 Sermons de M. Fléchier. *Paris*, 1713. 3 *vol. in* 12.

75 Sermons du Pere de la Ruë. *Paris*, 1719. 4 *vol. in* 8.

76 Sermons du Pere Cheminais. *Paris*, 1730. 5 *vol. in* 12.

77 Sermons choisis sur divers sujets, par M. de Fenelon. *Paris*, 1718. *in* 12.

78 Homelies & Sermons, par M. l'Abbé Boileau. *Paris*, 1712. 2 *vol. in* 12.

79 Sermons de M. Massillon. *Paris*, 1745. 14 *vol. in* 12. *v. f.*

80 Nouveaux Sermons, par le P. Pacaud. *Utrecht*, 1739. *in* 12.

81 Discours de Piété sur les plus importans objets de la Religion, ou Sermons pour l'Avent & le Carême, par le même. *Paris*, 1745. 3 *vol. in* 12.

82 Panégyriques des Saints , par J. F. Senault. 2 8
Paris, 1660. 3 vol. in 8.

83 Sermons sur divers Textes de l'Ecriture Sainte, 22 1
par Jacques Saurin. *La Haye*, 1724. 5 *vol. in* 8.
m. b.

84 Les Caracteres du Chrétien & du Christianis- 12
me , marqués dans trois Sermons d'Abbadie. *La
Haye*, 1696. *in* 12.

85 Conférences Ecclésiastiques du Diocèse de Lo- 8 1
deve. *Paris*, 1749. 5 *vol. in* 12.

86 Mandemens & Lettres Pastorales d'Esprit Flé- 1 10
chier, avec son Oraison funebre, par l'Abbé du
Jarry. *Paris*, 1712. *in* 12.

87 De Imitatione Christi Libri quatuor. *Parisiis*,
Leonard, 1712. *in* 24. 6 1
88 Imitation de J. C. par de Beuil. *Paris* , 1690.
in 8. *lavé, reglé. m. cit.*

89 L'Imitation de J. C. trad. nouv. *Paris*, 1697. 1.
in 12. *m. r.*

90 Oeuvres Chrétiennes & Morales en prose, par 2
Ant. Godeau. *Paris*, 1658. 2 *vol. in* 8.

91 Essais de Morale, par Nicole. *La Haye*, 1688. 9
& *suiv.* 14 *vol. in* 16. *m. n.*

92 Le Dégoût du Monde , par Mauroy. *Lyon*,
1698. *in* 12.
93 Le Chemin de l'amour divin , description de 10
son Palais & des beautés qui y sont renfermées.
Paris, 1746. *in* 12.

94 Elévations à Dieu sur les Mysteres , par Jacq. 3 10
Benigne Bossuet. *Paris*, 1727. 2 *vol. in* 12.

95 Lettres Spirituelles de Jacq. Benigne Bossuet à 1 10
une de ses Pénitentes. *Paris*, 1746. *in* 12.

96 Lettres Chrétiennes & Spirituelles, par M. de 4 5
Saint-Ciran. *Paris*, 1645. 2 *vol. in* 4.

97 Avis salutaires d'un Philosophe Chrétien, dis- 1 10.
tribués pour chaque jour du mois. *Paris*, 1749.
in 12.

1 5 98 Consolations Chrétiennes, avec des Réfléxions sur les huit Béatitudes, & la Paraphrase des trois Cantiques du Dante. *Paris*, 1744. *in* 12.

1 10 99 Les Conseils de la Sagesse, ou Recueil des Maximes de Salomon, par le P. Boutauld, Jésuite. *Paris*, 1680. 2 *vol. in* 12.

1. 100 La Regle des Mœurs contre les fausses Maximes de la Morale corrompue, par Gerberon. *Utrecht*, 1735. *in* 12.

3 1 101 Histoire de Piété & de Morale, par l'Abbé de Choisy. *Paris*, 1735. 2 *vol. in* 12. *v. f.*

2 8 ⎰ 102 Explication des Maximes des Saints sur la vie intérieure, par M. de Fenelon. *Francfort*, 1698. *in* 12.
⎱ 103 Les Véritables Maximes des Saints sur l'amour de Dieu, tirées de l'Ecriture Sainte & des Saints Peres, par M. de Fenelon. *Paris*, 1699. *in* 12. *m. r.*

7 11. 104 Oeuvres Spirituelles de M. de Fenelon. *Amst.* 1723. 5 *vol. in* 12.

2 10 105 Relation de l'origine, du progrès & de la condamnation du Quiétisme. 1732. 2 *vol. in* 12.

Théologiens Polemiques, Orthodoxes & Héterodoxes,
& Théologie des Mahometans.

5. 106 Défense des Saints Peres accusés de Platonisme, par le P. Baltus. *Paris*, 1711. *in* 4.

2 14. 107 Traité de la Vérité de la Religion Chrétienne, trad. du Latin de Grotius par Fr. le Jeune, édit. augm. de deux Dissert. de Jean le Clerc. *Amst.* 1728. *in* 12.

2 11. 108 La Religion Chrétienne prouvée par les faits, par Houtteville. *Paris*, 1722. *in* 4.

2 7. 109 Lettres de l'Abbé des Fontaines à l'Abbé Houtteville, sur la Religion prouvée par les faits. *Paris*, 1722. *in* 12.

110 Défense de la Religion, tant naturelle que ré- 8
velée, contre les Infidéles & les Incrédules, par
Gilbert Burnet. *La Haye*, 1738. *3 vol. in* 12.

111 La Vérité de la Religion Chrétienne, trad. de   18
l'Italien de Pianeffe par Dominique Bouhours.
Paris, 1672. *in* 12.

113 De la Véritable Religion, par Michel le Vaf- 5 1
for. *Paris*, 1688. *in* 4.

114 La Religion Chrétienne autorifée par le té- 2
moignage des anciens Auteurs Payens, par le
P. de Colonia. *Lyon*, 1718. *2 vol. in* 12.

115 Démonftration de l'Exiftence de Dieu, par 2
M. de Fenelon. *Paris*, 1713. *in* 12.

116 Lettres fur divers fujets concernant la Reli- 2 12
gion & la Métaphyfique, par le même. *Paris*,
1718. *in* 12.

117 L'Incrédule détrompé, & le Chrétien affermi 2 2
dans la Foi, par M. l'Abbé de Pontbriant. *Par.*
1752. *in* 8. *broché.*

118 Effai Philofophique fur la Providence. *Paris*, 2 3
1728. *in* 12.

119 Principes de Philofophie, ou Preuves natu- 1 11
relles de l'exiftence de Dieu & de l'immortalité
de l'ame, par l'Abbé Geneft. *Paris*, 1716. *in* 8.

120 Le Chriftianifme raifonnable, tel qu'il nous 5
eft repréfenté dans l'Ecriture Sainte, trad. de
l'Ang. de M. Locke. . La Religion des Dames.
Amft. 1731. *2 vol. in* 8.

121 La Religion Chrétienne démontrée par la Ré- 2 2
furrection de J. C. par Homfroi Ditton. *Paris*,
1729. *in* 4.

122 Traité de la Vérité de la Religion Chrétien- 3 15
ne, par Abbadie. *Rotter.* 1689. *3 vol. in* 12.

123 —— Le même. *Rotter.* 1728. *3 vol. in* 12. 3 12

124 Penfées fur la Religion & fur quelques au- 10
tres fujets, par Blaife Pafcal. *Paris*, 1686. *in* 12.

B

125 —— Les mêmes. *Amst.* 1699. *in* 12.

126 —— Les mêmes. *Paris*, 1725. *in* 12.

127 Preuves de la Religion de J. C. contre les Spinosistes & les Déistes, par M. le François. *Par.* 1751. 4 *vol. in* 12.

128 Réfléxions importantes pour parvenir à la connoissance de la véritable Religion. *Lond.* 1719. *in* 8.

129 Les Principes de la Religion Chrétienne, par Guillaume Wake. *Amst.* 1719. *in* 12.

130 Lettres Critiques sur divers Ecrits de nos jours contraires à la Religion & aux mœurs, par M. C. *Lond.* 1751. *in* 12.

131 Traités & Lettres de Gombaud touchant la Religion. *Amst.* 1669. *in* 12.

132 La Perpétuité de la Foi de l'Eglise Catholique touchant l'Eucharistie, défendue contre Claude par Ant. Arnauld & Renaudot. *Paris*, 1670. & *suiv.* 5 *vol. in* 4.

133 Histoire des Variations dés Eglises Protestantes, par Jacques-Benigne Bossuet. *Paris*, 1688. 2 *vol. in* 4.

134 De l'Unité de l'Eglise, ou Réfutation du nouveau Systême de Jurieu, par Nicole. *Paris*, 1729. *in* 12.

135 Préjugés légitimes contre les Calvinistes, par le même. *Paris*, 1736. *in* 12.

136 Les Prétendus Réformés convaincus de Schisme, pour servir de Réponse aux Considérations sur les Lettres circulaires du Clergé en 1682. par le même. *Paris*, 1736. *in* 12.

137 Nouvelle Méthode pour réfuter l'établissement des Eglises P. R. par Chardon de Lugny. *Paris*, 1730. *in* 12.

138 Apologie pour les Catholiques, contre les faussetés d'un Livre intitulé, la Politique du Clergé

de France. *Liege*, 1682. 2 *vol. in* 12.

139 Justification de la Morale des Réformés contre
les accusations de M. Arnauld, par Jurieu. *La
Haye*, 1685. 2 *vol. in* 8.

140 Journal de Louis Gorin de Saint-Amour.
(*Holl.*) 1662. *in fol.*

141 Melchioris Leydeckeri Historia Jansenismi.
Trajecti ad Rhenum. 1695. *in* 8. *v. f.*

142 Histoire abregée du Jansenisme. *Col.* 1698.
in 12.

143 Jansenius condamné par l'Eglise, par lui-mê-
me, ses Défenseurs, & S. Augustin. *Brux.* 1705.
in 12.

144 Les Imaginaires & les Visionnaires, par P.
Nicole. *Liege*, 1667. 2 *vol. in* 12.

145 Réfléxions sur le Traité de la Grace générale,
par Dom Hilarion. 1716. *in* 12.

146 Ordonnance de M. le Tellier, Archevêque de
Reims, contre deux Thèses de Théologie sou-
tenues dans le Collége des Jésuites en 1696.
Paris, 1697. *in* 8.

147 Suite de la Solution de divers Problêmes,
contre le P. Daniel. *Col.* 1700. *in* 12.

148 Lettres Apologétiques pour les Carmélites du
Fauxbourg Saint Jacques de Paris. 1748. *in* 12.
v. f.

149 Discours sur la Mere Marie-Angelique de
Saint-Jean. *Paris*, 1736. 2 *vol. in* 12.

150 L'Esprit de M. Arnauld. *Deventer*, 1684. 2 *vol.*
in 12.

151 Histoire de la Constitution *Unigenitus*, par le
P. F. Lafitau, Evêque de Sisteron. *Avignon*,
1737. *in* 4.

152 Relation du différend entre M. le Cardinal de
Noailles & les trois Evêques de Gap, Luçon &
la Rochelle. 1712. *in* 12.

B ij

153 Réponse au premier Avertissement de M. de Soissons. 1719. 4 tom. en 2 vol. in 12.

154 Dissertation sur la Validité des Ordinations des Anglois, & sur la Succession des Evêques de l'Eglise Gallicane. *Brux.* 1723. 6 vol. in 12.

155 La Défense des Ordinations Anglicanes réfutée, par le P. Hardouin. *Paris,* 1727. 2 vol. in 12.

156 Relation Historique & Apologétique des Sentimens & de la Conduite du P. le Courayer. *Amst.* 1729. 2 vol. in 12.

157 Apologie de la véritable Théologie Chrétienne, ainsi qu'elle est soutenue & prêchée par le Peuple appellé par mépris les Trembleurs, trad. de l'Ouvrage Lat. Ang. de Robert Barclay. *Lond.* 1702. in 8.

158 Ebauche de la Religion Naturelle, par Wollaston. *La Haye,* 1726. in 4.

159 La Tolérance des Religions, Lettres de M. Leibnitz, & Réponses de M. Pellisson. *Paris,* 1692. in 12.

160 Pensées libres sur la Religion, trad. de l'Ang. *Amst.* 1738. 2 tom. en 1 vol. in 12.

161 Les Entretiens des Voyageurs sur la mer. *Col.* 1715. 4 vol. in 8. *fig.*

162 L'Alcoran de Mahomet, trad. d'Arabe en Fr. par du Ryer. *La Haye,* 1685. in 12.

163 La Religion des Mahometans, tirée du Latin de Reland. *La Haye,* 1721. in 12.

JURISPRUDENCE.

I. Droit Canonique.

164 LEs Loix Ecclésiastiques, tirées des seuls Livres saints. *Paris*, 1753. *in* 12. *broché.* 18

165 Histoire du Droit Public Ecclésiastique Fran- 3 10
çois, par M. de Burigni. *Londres*, 1740. 2 *vol.*
in 12.

166 Histoire du Droit Canonique & du Gouver- 12
nement de l'Eglise. *Paris*, 1729. *in* 12.

167 Isaacii Haberti de Consensu Hierarchiæ &
Monarchiæ adversùs Optatum Gallum Libri sex.
Paris. 1641. *in* 4. *v. f.* 2

168 Défense des Empereurs, Rois, Princes, Etats
& Républiques. 1607. *in* 8.

169 Doctrine & Pratique Romaine sur la déposition 1 18
des Rois & subversion de leurs vies & Etats. *Ge-*
neve, 1628. *in* 8.

170 Histoire du Syndicat d'Edmond Richer, par 2 10
lui-même. *Avignon*, 1753. *in* 12.

171 Traité des Bornes de la Puissance Ecclésiasti- 2
que & de la Puissance Civile. *Amst.* 1734. *in* 8.

172 Principes sur l'essence, la distinction & les li- 3
mites des deux Puissances, par le P. de la Borde.
1753. . . . Dissertation sur l'origine, les droits
& les prérogatives des Pairs de France. 1753. . .
Eloge historique du Parlement, trad. du P. de la
Baune. 1753. *in* 12.

173 Examen impartial des Immunités Ecclésiasti- 1 6
ques. 1751. *in* 12.

174 Lettres. *Ne repugnate. Londres*, 1750. *in* 8. 1 10
g. p.

175 Traité des deux Puissances, ou Maximes sur 1

l'Abus, par l'Abbé de Foy. *Paris*, 1752. *in* 12. broché.

176 Apologie de tous les Jugemens rendus par les Tribunaux Séculiers en France contre le Schifme. 1752. 2 *vol. in* 12.

177 Traité du Pouvoir du Magiftrat Politique fur les chofes facrées, trad. de Grotius. *Londres*, 1751. *in* 12.

178 Traité de la Puiffance Eccléfiaftique & Temporelle. 1724. *in* 8.

179 Les Pouvoirs légitimes du premier & du fecond Ordre dans l'Adminiftration des Sacremens & le Gouvernement de l'Eglife. *En France*, 1744. *in* 4.

180 Traité Hiftorique des Excommunications. *Par.* 1715. *in* 12.

181 Relation fur la Régale. 1681. *in* 12.

182 Le Rang des Abbés dans la Hierarchie de l'Eglife, par Gafpard Cordier. *Paris*, 1742. *in* 4.

183 Petri de Marca Differtatio de Primatu Lugdunenfi & cæteris Primatibus. *Parifiis*, 1644. *in* 8.

184 De l'Autorité du Roi touchant l'âge néceffaire à la Profeffion folemnelle des Religieux, par le Vayer de Boutigny. *Amft.* 1751. *in* 12.

185 Recueil en abregé des Actes, Titres & Mémoires concernant les Affaires du Clergé de France, par Thomas Regnouft. *Paris*, 1677. *in* 4.

186 Conftitutions de P. R. *Mons*, 1665. *in* 12.

II. *Droit Naturel, Public, & des Gens.*

187 Hugonis Grotii de Jure Belli ac Pacis Libri tres, ex edit. J. Frid. Gronovii. *Hagæ Comitis*, 1680. *in* 8.

188 Le Droit de la Guerre & de la Paix , trad. de
    Grotius par Barbeyrac. *Amst.* 1729. 2 *vol. in* 4.

189 Le Droit de la Nature & des Gens , trad. de
    Puffendorf par le même. *Amst.* 1706. 2 *vol. in* 4.

190 De l'Esprit des Loix , par M. le Président de
    Montesquieu. *Geneve* , 1749. 2 *tom. en* 1 *vol.*
    in 4.

191 Défense de l'Esprit des Loix. *Geneve* , 1750.
    in 12. *broché.*

192 Réponse aux Observations sur l'Esprit des
    Loix. 1751. *in* 12. *broché.*

193 L'Esprit des Loix quintessencié. 1750. 2 *vol.*
    in 12.

III. *Droit Civil, François & Etranger.*

194 Paraphrase des Institutions de Justinien , par
    Pellisson. *Paris* , 1664. *in* 12.

195 Paratitla in Libros ix. Codicis Justiniani , à
    Jacobo Cujacio. *Tolosæ* , 1686. 4 *vol. in* 12.

196 Ordonnances des Rois de France de la Troi-
    siéme Race , par M. Secousse. *Paris* , 1741. *tom.* 6.

197 Code Militaire , ou Compilation des Ordon-
    nances des Rois de France , par Briquet. *Paris* ,
    1728. 3 *vol. in* 12.

198 Ordonnances de Louis XV. *Paris* , 1740.
    in 16.

199 Les Plaidoyers & Harangues de le Maître ,
    donnés au Public par Jean Issali. *Paris* , 1688.
    in 4.

200 Oeuvres diverses de Patru. *Paris* , 1732. 2 *vol.*
    in 4.

201 Les Causes célébres recueillies par Gayot de
    Pitaval. *Paris* , 1734. & *suiv.* 8 *vol. in* 12.

202 Procès de M. Fouquet, Ministre d'Etat. *Par.*
    1696. 16 *vol. in* 12.

203 Factums du Procès de l'Abbé Furetiere. *Amst.* 1694. 2 *tom. en* 1 *vol. in* 12.

204 Recueil Général des Piéces contenues au Procès de M. le Marquis de Gesvres. *Rotter.* 1714. 2 *vol. in* 12.

205 Traité de la Dissolution du Mariage pour cause d'Impuissance. *Luxembourg,* 1735. *in* 8.

206 Examen de deux Questions importantes sur le Mariage. 1753. *in* 12.

207 Coup d'œil Anglois sur les Cérémonies du Mariage. *Geneve,* 1750.... Legende dorée, ou Sommaire de l'Histoire des Freres Mendians de l'Ordre de S. Dominique & de S. François. *Amst.* 1734. *in* 12.

208 Arrêts de Réglement rendus par le Parlement de Provence, avec des notes par M. le Président de Grimaty de Regusse. *Aix,* 1744. 2 *vol. in* 4.

209 Discours prononcés au Parlement de Provence par un de Messieurs les Avocats Généraux. *Paris,* 1739. 3 *vol. in* 12.

210 Code Frederic, ou Corps de Droit pour les Etats de Sa Majesté le Roi de Prusse, trad. de l'Allemand par Formey. 1751. *in* 8.

SCIENCES

SCIENCES ET ARTS.

PHILOSOPHIE.

Philosophes Anciens & Modernes.

211 DIctionnaire des Arts & des Sciences, par 8   1
Thomas Corneille. *Paris*, 1694. 2 *vol.*
in fol.

212 Histoire Critique de la Philosophie, par Des- 6   4
landes. *Amst.* 1737. 3 *vol. in* 12.

213 Oeuvres de Platon, trad. en François avec 9 10
des Remarques par M. Dacier. *Par.* 1699. 2 *vol.*
in 12.

214 La République de Platon, ou du Juste & de 8   5
l'Injuste, trad. par de la Pillonniere. *Londres,*
1726. *in* 4.

215 L. Annæi Senecæ Opera omnia, cum Desid.   10
Erasmi Scholiis. *Lugduni,* 1555. 2 *vol. in* 8.

216 L. Annæi Senecæ Philosophi, & M. Annæi 11   1
Senecæ Rhetoris Opera. *Lugd. Bat. Elz.* 1640.
3 *vol. in* 12. *v. f. d. f. t.*

217 Les Controverses de Seneque, par de Lesfar- 1
gues. *Paris,* 1656. *in fol.*

218 Pensées de Seneque, recueillies par M. de la 3 12
Beaumelle. *Paris,* 1752. 2 *vol. in* 12.

219 Les Hypotyposes, ou Institutions Pirrhonien- 1 19
nes de Sextus Empiricus. 1725. *in* 12.

220 Traité de Porphyre, touchant l'Abstinence de 2   8
la chair des Animaux, avec la Vie de Plotin, par
M. de Burigny. *Paris,* 1747. *in* 12.

221 Philosophia vetus & nova ad usum Scholæ ac-   11
commodata in Regia Burgundia olim pertractata.
Paris. 1684. 2 *vol. in* 4.

C

222 Principis Turennii Theses ex universâ Philo-
sophiâ. *In fol. fig. broché.*

223 Les Oeuvres de René Descartes. *Paris, 1663.
& suiv.* 8 vol. in 4.

224 Petri Dan. Huetii Censura Philosophiæ Car-
tesianæ. *Parif.* 1694. *in* 12.

225 Systême de Philosophie, par Pierre-Sylvain
Régis. *Paris,* 1690. 3 vol. in 4. *fig.*

226 Elemens de la Philosophie de Neuton, par M.
de Voltaire. *Amst.* 1738. *in* 8.

227 Le Neutonianisme pour les Dames, traduit
d'Algarotti par du Perron de Castera. *Par.* 1738.
2 vol. *in* 12.

228 Théorie des Tourbillons Cartésiens, avec des
Réfléxions sur l'Attraction. *Paris,* 1752. *in* 12.

229 Essai de Philosophie Morale, par M. de Mau-
pertuis. *Berlin,* 1749.... L'art de conserver la
santé, composé par l'Ecole de Salerne. *Paris,*
1749... Kanor, Conte trad. du Sauvage. *Amst.*
1750. *in* 12.

Logique, Morale & Œconomie.

230 La Logique, ou l'Art de penser. *Paris,* 1714.
in 12.

231 La Clef des Sciences & des beaux Arts, ou la
Logique, par M. Cochet. *Paris,* 1750. *in* 12.

232 Le Manuel d'Epictete, & les Commentaires
de Simplicius, trad. en François avec des Re-
marques par M. Dacier. *Paris,* 1715. 2 vol. in 12.

233 Les Morales d'Epictete, de Socrate, de Plu-
tarque & de Seneque. *Richelieu,* 1653. *in* 8.
m. r.

234 Francisci Baconi Liber de Sapientiâ Veterum.
Lugd. Bat. 1633. *in* 16.

235 Les Caracteres de Théophraste, trad. du Grec.
Paris, 1699. *in* 12.

236 Les Caractères de Théophraste, par M. de la   5   3
Bruyere, avec des notes de M. Coste. *Paris*,
1740. 2 *vol. in* 12.

237 Sentimens Critiques fur les Caractères de   ?   1
Théophraste de M. de la Bruyere. *Paris*, 1701.
in 12.

238 Les Devoirs de l'Homme & du Citoyen, trad.   2   12
du Latin de Puffendorf par Jean de Barbeyrac.
Londres, 1700. 2 *vol. in* 12.

239 Effai fur les Principes du Droit & de la Mo-   6
rale, par M. d'Aube. *Paris*, 1743. *in* 4.

240 La Morale de Tacite de la Flaterie, par Ame-   1
lot de la Houffaye. *Paris*, 1686. *in* 12.

241 Réfléxions, Sentences & Maximes Morales   1   18
de M. de la Rochefoucault. *Paris*, 1714. *in* 12.

242 Réfléxions Morales de l'Empereur Marc An-   4   4
tonin. *Paris*, 1691. 2 *vol. in* 12.

243 Traité de Morale, par le Pere Mallebranche.   1   12
Rotter. 1684. *in* 12.

244 Penfées d'Oxenftiern fur divers fujets. *La*   2   1
Haye, 1741. *in* 12.

245 De la Conftance, Ouvrage Philofophique en   1   17
forme d'entretiens, trad. du Lat. de Jufte-Lipfe.
Paris, 1741. *in* 12.

146 Les Caractères des Paffions, par M. de la Cham-   12
bre. *Amft.* 1658. 4 *tom. en* 2 *vol. in* 16. *m. r.*

247 Effais fur les Paffions & fur les Caractères. *La*   4   11
Haye, 1748. 2 *vol. in* 12. *v. f.*

248 Le Cabinet du Philofophe. *Paris*, 1734. *in* 12.   1   7

249 Le Courtifan defabufé, ou Penfées d'un Gen-   18
tilhomme qui a paffé fa vie à la Cour & dans la
Guerre. *Paris*, 1711. *in* 12.

250 Difcours de M. le Chevalier de Meré, con-   3
tenant les Traités de l'Efprit, de la Converfa-
tion, des Agrémens, de la Délicateffe, & fes
Oeuvres poftumes. *Paris*, 1697. *in* 12.

C ij

2   2 251 Introduction à la connoiſſance de l'eſprit humain, ſuivie de Réfléxions & Maximes. *Paris*, 1746. *in* 12.

1   7 252 L'Homme de Cour de Balthaſar Gracian, traduit par Amelot de la Houſſaye. *Paris*, 1687. *in* 12.

1   11 253 ———— Le même. 1692. *in* 12.

1   16 254 L'Homme Univerſel, trad. de l'Eſpagnol de Balthaſar Gracian, par le Pere Courbeville. *Paris*, 1723. *in* 12.

1   17 255 Le Héros, trad. de l'Eſpagnol de Balthaſar Gracian, avec des Remarques, par le même. *Paris*, 1725. *in* 8.

12   1 256 Le Spectateur, ou le Socrate moderne, trad. de l'Anglois. *Amſt.* 1741. 6 *vol. in* 12.

14 257 L'Ariſtipe moderne. *Paris*, 1738. *in* 12. *broch.*

12 258 L'Art de ſe connoître ſoi-même, par Abbadie. *Lyon*, 1701. *in* 12.

1   259 Le Philoſophe Chrétien, ou Diſcours Moraux, par M. Formey. *Lyon*, 1752. *in* 12.

1   19 260 Eſſais ſur la néceſſité & ſur les moyens de plaire, par M. de Moncrif. *Paris*, 1738. *in* 12.

1   12 261 Conſidérations ſur les Mœurs de ce ſiécle, par M. Duclos. *Paris*, 1751. *in* 12.

1   10 262 Les Principes de la Morale & du Goût, ou Eſſai ſur l'Homme & ſur la Critique, trad. de Pope en vers Franç. par M. du Reſnel. *Paris*, 1737. *in* 8.

2   263 Commentaire ſur la Traduction en vers de M. l'Abbé du Reſnel de l'Eſſai de M. Pope ſur l'Homme, par M. de Crouzaz. *Geneve*, 1738. *in* 12.

3   264 Eſſais ſur la Critique & ſur l'Homme, par Pope, Anglois & François. *Londres*, 1741. *in* 4.

265 Eſſai ſur l'Homme, par M. Pope, trad. de l'Anglois. 1736. . . . . Eſſai ſur la Critique, par

le même. *Paris*, 1736. .... Le Songe d'Alci-
biade, trad. du Grec. *Paris*, 1735.... Le Ban-
quet de Platon, trad. par M. Racine. *Paris*, 1732.
Lettre à Madame de . . . . fur le Goût & le Génie.
Paris, 1737. *in 12.*

266 Les Mœurs. 1748. *in 8. v. f.*   7   11

267 Confidérations fur le Génie ou les Mœurs de   1   7
ce fiécle. *Paris*, 1749. *in 12. v. f.*

268 Les Confeils d'Arifte à Celimene fur les   12
moyens de conferver fa réputation. *Paris*, 1692.
in 12.

269 Entretiens de Morale dédiés au Roi, par Scu-
dery. *Paris*, 1692. 2 *vol. in 12.*   1   11

270 Les Caracteres, par Madame de Puifieux. *Lon-*
dres, 1730. *in 8. broché.*

271 Du Grand ou du Sublime dans les mœurs &   10
dans les différentes conditions des hommes. *Par.*
1686. *in 12.*

272 Dialogues entre M. Patru & M. d'Ablancourt,   1   10
fur les Plaifirs. *Amft.* 1714. *in 12.*

273 Caracteres & Portraits critiques fur les mœurs   10
& fur les défauts ordinaires des hommes. *Paris*,
1695. *in 12.*

274 Traité de l'Amitié, par M. de Sacy. *Paris*,   1
1704. *in 12.*

275 Traité de la Gloire, par le même. *Par.* 1715.   1   16
in 12.

276 Traité de la Pareffe, ou l'Art de bien em-   1   4
ployer le tems. *Paris*, 1745. *in 12.*

277 De l'Education des Enfans, trad. de l'Angl.   2
de M. Locke par M. Cofte. *Amft.* 1721. *in 12.*

278 Effai fur l'Education de la Nobleffe. *Paris*,   3   1
1748. 2 *vol. in 12.*

299 De l'Education des Filles, par M. de Fenelon.   1   16
Paris, 1719. *in 12.*

280 La Maison reglée, ou l'Art de diriger la Maison d'un Grand Seigneur. *Paris*, 1700. *in* 12.

Politique & Commerce.

281 L'Anti-Machiavel, ou Examen du Prince de Machiavel, avec des notes hist. & polit. par M. de Voltaire. *La Haye*, 1741. *in* 8.

282 La Politique du Chevalier Bacon. *Lond.* 1740. *in* 12.

283 Lettres sur l'Esprit de Patriotisme, sur l'Idée d'un Roi Patriote, & sur les Divisions de l'Angleterre lors de l'Avenement de George I. *Lond.* 1750. *in* 8.

284 Le Droit Public de l'Europe, fondé sur les Traités conclus jusqu'en l'année 1740. *La Haye*, 1746. 2 *vol. in* 12.

285 Principes du Droit Politique. *Amster.* 1751. 2 *tom. en* 1 *vol. in* 12.

286 Principes du Droit Naturel, par Bullamaqui. *Geneve*, 1747. *in* 4.

287 De la Maniere de Négocier avec les Souverains, par de Callieres. *Amst.* 1716. *in* 12.

288 Discours sur l'Art de Négocier, par M. Pequet. *Paris*, 1737. *in* 12. *broché.*

289 Considérations Politiques sur les Coups d'Etat, par Gabriel Naudé. 1712. *in* 12.

290 —— Les mêmes. *Paris*, 1752. 3 *vol. in* 12.

291 Discours Politiques, Historiques & Critiques sur Tacite, trad. de Th. Gordon. *Amst.* 1751. 3 *vol. in* 12.

292 Du Pouvoir des Souverains & de la Liberté de Conscience, trad. du Lat. de Noodt par Jean Barbeyrac. *Amst.* 1714. *in* 12. *v. f.*

293 Idée d'une République heureuse, ou l'Utopie

de Thomas Morus, trad. par Gueudeville. *Amst.* 1730. *in* 12. *fig.*

294 L'Idée d'un Roi parfait, par M. Chansierges. *Paris*, 1723. *in* 12.　　17

295 Institution d'un Prince, ou Traité des quali-　13　5
tés, des vertus & des devoirs d'un Souverain, par M. Duguet. *Londres*, 1739. *in* 4.

296 Directions pour la Conscience d'un Roi, par　5　19
M. de Fenelon. *La Haye*, 1747. *in* 12. *m. r.*

297 Réfléxions Militaires & Politiques de Santa-　5　1
Cruz. *Paris*, 1735. 4 *vol. in* 12.

198 Projet d'une Dixme Royale, par M. de Vau-　　17
ban. *Brux.* 1708. *in* 8.

299 Les Droits des Souverains défendus contre les　4
Excommunications, par Fra Paolo. *La Haye*, 1721. 2 *vol. in* 12.

300 Interêts & Maximes des Princes & des Etats　　10
Souverains. *Col.* 1666. *in* 12.

301 Les Interêts présens des Puissances de l'Euro-　6　19
pe, par Rousset. *La Haye*, 1733. 2 *vol. in* 4.

302 Les Interêts de l'Angleterre mal entendus dans　　12
la Guerre présente, par l'Abbé Dubos. *Amster.* 1703. *in* 12.

303 Essai Politique sur le Commerce. *Amst.* 1735.　1　11
in 12.

304 —— Le même. 1736. *in* 12.　　2　3

305 Traité des Prêts du Commerce, où l'on com-　5　6
pare la Doctrine des Scholastiques avec celle de l'Ecriture Sainte & des Saints Peres. *Lille*, 1738. *in* 4.

306 Réfléxions Politiques sur les Finances & le Commerce. *La Haye*, 1738. 2 *vol. in* 12.

307 Examen du Livre des Réfléxions Politiques　11　19
sur les Finances & le Commerce. *La Haye*, 1740. 2 *vol. in* 12.

308 Considérations sur le Commerce & la Navi-　3　8

gation de la Grande Bretagne, trad. de Joshua Gec. *Londres*, 1749. *in* 12.

2   2.309 Rétablissement des Manufactures & du Commerce d'Espagne, trad. de l'Espagnol de Dom Bernardo de Ulloa. *Paris*, 1753. *in* 12.

Métaphysique, Physique & Histoire Naturelle.

1   16 310 La Métaphysique, qui contient l'Ontologie, la Théologie naturelle, & la Pneumatologie. *Paris*, 1753. *in* 12.

2   15 311 Théologie Payenne, sur Dieu, l'ame & les devoirs de l'homme, par M. de Burigny. *Paris*, 1754. 2 *vol. in* 12. *broché.*

1   12 312 Introduction à la connoissance de l'esprit humain, suivie de Réfléxions & de Maximes. *Par.* 1748. *in* 12.

2   11.313 Essai sur l'origine des Connoissances humaines. *Amst.* 1746. *in* 12.

7   19 314 Essai Philosophique concernant l'entendement humain, trad. de Locke par Coste. *Amst.* 1735. *in* 4.

1   4.315 Les Passions de l'ame, par René Descartes. *Rouen*, 1651. *in* 12.

3   19 316 De la Recherche de la Vérité, par Mallebranche. *Paris*, 1678. 3 *vol. in* 12.

2.   12.317 Entretiens sur la Métaphysique, par le même. *Paris*, 1732. 2 *vol. in* 12.

1   11.318 P. Danielis Huetii de Imbecillitate mentis humanæ Libri tres. *Amst.* 1738. *in* 12.

1   4.319 Traité Philosophique de la foiblesse de l'esprit humain, par P. Daniel Huet. *Amst.* 1723. *in* 12.

1   16.320 Traité de la connoissance des bêtes, par de la Chambre. *Paris*, 1647. *in* 4. *m. r.*

5.   321 Amusement Philosophique sur le langage des bêtes,

bêtes, par G. H. Bougeant. *Paris*, 1739.....
Lettre du Pere Bougeant à M. l'Abbé Savalette
fur l'Ouvrage précédent. *Paris*, 1739......
Chanfon d'un inconnu fur l'air des Pendus. *Turin*, 1737. Lettre d'un Provincial à un ami, fur
un Difcours Latin de M. Crevier. *Paris*, 1738...
Avis au Public. 1740. .... Réponfe du Public.
1740. .... Réponfe au Public. 1740... *in* 12.

322 Amufement Philofophique fur le langage des
bêtes, par le P. Bougeant. *Paris*, 1739. *in* 12.
broché.　　　　　　　　　　　　　　　　　　19

323 Penfées Philofophiques. *La Haye*, 1746, 4.
in 12.　　　　　　　　　　　　　　　　6

324 La Fable des Abeilles, ou les Fripons devenus honnêtes gens. *Londres*, 1750. 4 *vol. in* 12.　　7　　6

325 Traité de Phyfique, par Jacques Rohault.
Brux. 1708. 2 *vol. in* 12.
326 Conjectures Phyfiques, par Nicolas Hartfoeker. *Amft.* 1706. *in* 4. *fig*.　　　　　　3　　10

327 Inftitutions de Phyfique, par Madame la Marquife du Châtelet. *Paris*, 1740. *in* 8.　　　3　　10

328 Penfées fur l'Interprétation de la Nature.
1754. *in* 12. *broché*.　　　　　　　　　1　　5

329 Differtation Phyfique à l'occafion du Négre
blanc, par M. de Maupertuis. *Leyde*, 1744.
in 12. *broché*.　　　　　　　　　　　　10

330 Entretiens fur les Cometes. 1748... L'Anti-Vénus Phyfique, ou Critique de la Differtation
fur l'origine des hommes & des animaux. 1746.
in 12.　　　　　　　　　　　　　　2　　11

331 Relation du Monde de Mercure. *Gen.* 1750.
2 *tom. en* 1 *vol. in* 12.　　　　　　　　1

332 De la Pluralité des Mondes, par Chrétien
Huygens. *La Haye*, 1724. *in* 12.　　　4　　10

333 Lettre de M. de Mairan, Secretaire perpétuel　1　9

de l'Académie des Sciences. *Paris*, 1741. *in* 8. *v. f.*

12.334 Traités de l'Equilibre des Liqueurs, par M. Pafcal. *Paris*, 1698. *in* 12.

2 4 335 Hiftoire des anciennes révolutions du Globe terreftre, par M. Sellius. *Paris*, 1752.... Obfervations de Phyfique & d'Hiftoire Naturelle, par M. de Secondat. *Paris*, 1750. *in* 12.

3 336 La Figure de la Terre déterminée par les Obfervations de quelques Membres de l'Académie des Sciences. *Paris, I. R.* 1737. *in* 8. *fig.*

1 10 337 Hiftoire des Tremblemens de Terre arrivés à Lima, Capitale du Perou. *La Haye*, 1752. 2 *vol. in* 12. *broché.*

2 338 Expériences fur l'Electricité, par Jean Jallabert. *Paris*, 1749. *in* 12.

1 16 339 Expériences & Obfervations fur l'Electricité, faites en Amérique par Franklin. *Paris*, 1752. *in* 12.

2 10 340 Hiftoire Générale & Particuliere de l'Electricité. *Paris*, 1752. 2 *vol. in* 12.

2 341 Caii Plinii Secundi Hiftoria Naturalis. *Lugd.* 1553. *in fol.*

52 19 342 —— Idem, cum interpretatione & notis Joan. Harduini. *Parif.* 1723. 3 *vol. in fol.*

14.343 Lettre fur le Pline du P. Hardouin. *Par.* 1725. *in* 12.

52 2 344 Hiftoire Naturelle, Générale & Particuliere, avec la Defcription du Cabinet du Roi, par MM. de Buffon & d'Aubenton. *Paris*, 1749. *& fuiv.* 4 *vol. in* 4. *v. f. le quatr. broché.*

5 6 345 Lettres à un Amériquain fur l'Hiftoire Naturelle, Générale & Particuliere de M. de Buffon. *Hambourg*, 1751. 3 *vol. in* 12.

15. 346 Le Spectacle de la Nature, par M. Pluche. *Par.*

1732. & suiv. 4 vol. en 8. tom. in 12. figures.

347 Histoire du Ciel, par M. Pluche. Par. 1739. 4
2 vol. in 12. fig.

348 Telliamed, ou Entretiens d'un Philosophe 5
Indien avec un Missionnaire François sur la di-
minution de la Mer, &c. par de Maillet. Amst.
1748. 2 tom. en 1 vol. in 8.

349 Nouvelles Vûes sur le Systême de l'Univers. 3
Paris, 1751. in 8. v. f.

350 Traité des Systêmes, où l'on en démêle les 1   10
inconvéniens & les avantages, par M. de Condil-
lac. La Haye, 1749. in 12.

351 Recueil de différens Traités de Physique & 4   15
d'Histoire Naturelle, par M. Deslandes. Paris,
1748. 2 vol. in 12. fig.

352 Dissertation sur la Glace, ou Explication Phy- 2   10
sique de la formation de la Glace & de ses divers
Phénomenes, par M. de Mairan. Paris, 1749.
in 12.

353 Traité de la Conservation des Grains, & en 3   16
particulier du Froment, par M. Duhamel du
Monceau. Paris, 1753. in 12. fig.

354 Instruction pour les Jardins Fruitiers & Pota- 9   9
gers, par de la Quintinie. Paris, 1715. 2 vol.
in 4.

355 Le Jardinier Fleuriste, par Liger. Par. 1717. 1   19
in 12.

356 L'Ecole du Jardin Potager, par M. de Combe. 4   11
Paris, 1749. 2 vol. in 12. v. f. fig.

357 Art de faire éclore & d'élever en toutes sai- 7   5
sons les Oiseaux domestiques, par M. de Reau-
mur. Paris, 1749. 2 vol. in 12.

358 Mariæ Sibyllæ Merian Dissertatio de Genera- 28   7
tione & Metamorphosibus Insectorum Surina-
mensium. Amst. 1719. in fol. fig.

359 Histoire Naturelle des Abeilles, par M. Bazin.
Paris, 1744. 2 vol. in 12. fig.
360 Abregé de l'Histoire des Insectes, par le mê-
me. Paris, 1747. & suiv. 4 vol. in 12. fig.

361 La Lithologie & la Conchyliologie, par M.
Desalliers d'Argenville. Paris, 1742. in 4. v. f.
figures.

Médecine, Anatomie, Chirurgie, &c.

362 Histoire de la Médecine, par Daniel le Clerc.
Amst. 1723. 2 tom. en 1 vol. in 4.

363 Essai de Physique sur l'œconomie animale, par
M. Quesnay. Paris, 1743. 3 vol. in 12.

364 Dissertation sur l'incertitude des signes de la
Mort & l'abus des Enterremens, par J. Benigne
Winslow, traduite & commentée par Jacq. Jean
Bruhier. Paris, 1742. in 12.
365 Lettres sur la certitude des signes de la Mort,
par M. Louis. Paris, 1752. in 12.

366 Le Tableau de l'amour conjugal, par Nicolas
Venette. Amst. 1732. 2 vol. in 12. fig.

367 Recueil des Remedes faciles & domestiques
recueillis par Madame Fouquet. Paris, 1712.
2 vol. in 12.

368 La Médecine, la Chirurgie & la Pharmacie
des Pauvres, par Philippe Hecquet. Par. 1740.
3 vol. in 12.

369 Secrets utiles & éprouvés dans la Pratique de
la Médecine & de la Chirurgie, pour prolonger
la santé & conserver la vie. Paris, 1742. in 12.

370 Les Rudimens de la Philosophie naturelle,
touchant le systême du corps mixte, Cours Théo-
rique suivant les préceptes de la Chymie, par
Nic. Locques. Paris, 1665. 3 tom. en 1 vol. in 8.

371 Méthode naturelle de guérir les Maladies du corps & les déréglemens de l'esprit qui en dépendent, trad. de Cheyne par de la Chapelle. *Paris*, 1749. 2 *vol. in* 12.   3   7

372 Traités des Maladies les plus fréquentes & des Remedes pour les guérir, par Helvetius. *Paris*, 1707. *in* 12.   1

373 Cléon à Eudoxe, touchant la Prééminence de la Médecine fur la Chirurgie, par M. Andry. *Paris*, 1738. *in* 12.   1   6

374 Recherches fur les Vertus de l'Eau de Goudron, trad. de l'Anglois de George Berkeley. *Amft.* 1745. *in* 12.   1   18

375 Mémoires de l'Académie Royale de Chirurgie. *Paris*, 1743. *in* 4. *tom.* 1. *fig.*   8

376 Cours d'Opérations de Chirurgie, par Dionis. *Paris*, 1716. *in* 8.   1   18

377 Le Chirurgien d'Hôpital, par Bellofte. *Paris*, 1734. 2 *vol. in* 12.   3

378 Difcours fur la Poudre de Sympathie, par le Chevalier Digby. *Utrecht*, 1681. *in* 12. *vel.*   1   10

379 Nouveaux Elemens d'Anatomie raifonnée. *Paris*, 1749. *in* 8.   2

380 L'Anatomie de Dionis. *Paris*, 1706. *in* 8.   1   7

381 Traité des Alimens, par Louis Lemery. *Par.* 1709. *in* 12.   1   16

382 Nouvelles Fontaines domeftiques, approuvées par l'Académie des Sciences. *Paris*, 1750. *in* 12. *d. f. t.*   1   8

383 Nouvelles Fontaines filtrantes, approuvées par l'Académie des Sciences, par M. Amy. *Par.* 1752. *in* 12.   17

384 Réfléxions fur les Vaiffeaux de cuivre, de plomb & d'étaim, fur les nouvelles Fontaines domeftiques, avec une Differtation fur la véritable caufe des obftructions dans les reins &   1   4

dans tous les viſceres, par M. Amy. *Par.* 1752.
in 12. *v. écaillé, d. ſ. t.*

385 Nouveau Traité de Cuiſine. *Paris*, 1739. 2
vol. in 12.

386 Les Dons de Comus , ou les Délices de la
Table. *Paris*, 1739. *in* 12.

Mathématiques , Arithmétique , Algebre , &c.

387 Elemens de Mathématiques , par M. Rivard.
Paris, 1744. *in* 4. *v. f.*

388 Les Elemens de Géométrie , par Bernard
Lamy. *Paris* , 1685. *in* 12.

389 Nouveaux Elemens de Géométrie, par Ant.
Arnauld. *Paris* , 1667. *in* 4. *fig.*

390 Elemens de Géométrie , par Malezieu. *Paris*,
1705. *in* 4.

391 Géométrie de Deſcartes. *Paris*, 1705. *in* 12.
v. f.

392 Le Livre des Comptes faits , ou Tarif géné-
ral, par Barreme. *Paris*, 1704. *in* 12.

393 Les Comptes faits de Barreme. *Paris* , 1723.
in 12.

394 Eſſai d'Analyſe ſur les Jeux de hazard, par de
Montmaur. *Paris*, 1708. *in* 4.

395 Traité des Jeux de hazard , par la Placette.
La Haye, 1714. *in* 12.

396 L'Optique des Couleurs, par le Pere Caſtel.
Paris, 1740. *in* 12.

397 Aſtronomie Phyſique , ou Principes généraux
de la Nature appliqués au Méchaniſme Aſtrono-
mique , & comparés aux Principes de la Philo-
ſophie de M. Neuton , par M. de Gamaches.
Paris, 1740. *in* 4. *fig.*

398 L'Uſage des Globes celeſtes & terreſtres , par
M. Bion. *Paris*, 1751. *in* 8. *fig.*

399 Apulée, de l'Esprit familier de Socrate. *Par.* 1698. *in* 12.   11.

400 La Physique occulte, ou Traité de la Baguette divinatoire, par M. de Vallemont. *Paris*, 1709. *in* 12.

401 Lettres qui découvrent l'illusion des Philosophes sur la Baguette, & qui détruisent leurs systêmes, par le P. le Brun. *Paris*, 1693. *in* 12.   3

402 Histoire Critique des Pratiques Superstitieuses, par Pierre le Brun. *Paris*, 1732. 4 *vol. in* 12. *v. f.*   6   10

403 Traité sur les Apparitions, Esprits & Vampires, par Dom Aug. Calmet. *Paris*, 1751. 2 *vol. in* 12.   4   4

404 Histoire des Diables de Loudun. *Amst.* 1716. *in* 12. *v. f.*

405 Examen Critique de l'Histoire des Diables de Loudun, par M. de la Menardaye. *Liege*, 1749. *in* 12.   5   7

406 Le Comte de Gabalis, & les nouveaux Entretiens sur les Sciences secrettes. *Amster.* 1725. *in* 12.   2

407 Albertus Magnus de Secretis Mulierum. *Amst.* 1669. *in* 12.

408 Le Solide Trésor de la Magie Naturelle & Cabalistique du Petit Albert. *Geneve. in* 12.   4

A R T S.

La Peinture, Gravure, &c.

409 Dictionnaire portatif des beaux Arts, par M. L.... *Paris*, 1752. *in* 8.   3   6

410 Dictionnaire abregé de Peinture & d'Architecture. *Paris*, 1746. 2 *vol. in* 12.   3   10

411 Francisci Junii de Pictura Veterum. *Rotero.* 1694. *in fol.*   6   1

412 Cabinet des Singularités d'Architecture, Peinture, Sculpture & Gravûre, par Flor. le Comte. *Paris*, 1699. *3 vol. in* 12.

413 Catalogue Raisonné des diverses Curiosités du Cabinet de M. Quentin de Lorangere, par E. F. Gersaint. *Paris*, 1744. *in* 12.

414 Explication des Tableaux de la Galerie de Versailles & de ses deux Sallons. *Versail.* 1687. *in* 4.

415 Explication des Tableaux de la Galerie de Versailles. *Paris*, 1684. *in* 4.

416 Discours prononcés dans les Conférences de l'Académie Royale de Peinture & de Sculpture, par Coypel. *Paris*, 1721. *in* 4.

417 Réfléxions sur quelques causes de l'état présent de la Peinture en France, par M. de Lafont de Saint-Yenne. *La Haye*, 1747. *in* 12.

418 L'Ombre du Grand Colbert, le Louvre & la Ville de Paris, Dialogue, par M. de Lafont. *La Haye*, 1749. . . . . Essai d'Histoire sur les querelles & les insultes faites aux Ambassadeurs de France, & les suites qu'elles ont eues. *La Haye*, 1748. . . . . . Apologie des Dames appuyée sur l'Histoire, par Madame de . . . *Paris*, 1748. *in* 12.

419 Réfléxions Critiques sur les différentes Ecoles de Peinture. *Paris*, 1752. *in* 8. *broché*.

420 Observations sur les Arts & sur quelques morceaux de Peinture & de Sculpture exposés au Louvre en 1748. par M. de Lafont. *Leyde*, 1748. . . . Lettres sur l'Exposition des Ouvrages de Peinture & Sculpture de 1747. par le même. 1747. . . . Lettre sur la Peinture, la Sculpture & l'Architecture. 1748. . . . . Réponse à l'Ouvrage précédent. 1748. . . . Réfléxions sur quelques circonstances présentes, concernant deux Lettres sur l'Exposition des Tableaux du Louvre en

en 1748. avec une Lettre à M. de V. fur fa Se-
miramis. *in* 12.

421 Effai fur la Peinture, la Sculpture & l'Archi- 2   9
tecture. 1751. . . . . Table alphabétique & chro-
nologique des Piéces de l'ancien Théatre Ita-
lien. 1750. *in* 8.

422 Parallele de l'Architecture antique & de la 8
moderne, avec un Recueil des dix principaux
Auteurs qui ont écrit des cinq Ordres, par Er-
rard. *Paris*, 1702. *in fol. g. p. fig.*

423 Effai fur l'Architecture. *Paris*, 1753. *in* 12.
424 Examen d'un Effai fur l'Architecture, par M. 2
de Lafont de Saint-Yenne. *Paris*, 1753. *in* 12.

425 Dialogue fur la Mufique des Anciens, par 1   4
l'Abbé de Châteauneuf. *Paris*, 1725. *in* 12.

426 Elemens de Mufique théorique & pratique, 3   12
fuivant les principes de M. Rameau. *Paris*, 1752.
in 8.

427 L'Ecole de Cavalerie, par la Gueriniere. *Par.* 12   10
1736. 2 *tom. en* 1 *vol. in* 8. *fig.*

428 Traité des Légions, par M. le Maréchal de   18
Saxe. *La Haye*, 1753. *in* 12. *broché.*

429 Les Rufes de Guerre de Polyen, avec les Stra- 3   2
tagêmes de Frontin, trad. en François. *Paris*,
1739. 2 *vol. in* 12.

430 Effai fur la Marine des Anciens, & particu- 3   10
lierement fur leurs Vaiffeaux de Guerre, par M.
Deflandes. *Paris*, 1748. *in* 12. *fig.*

430 * Différentes attitudes de la Cavalerie & de 18
l'Infanterie, gravées d'après Parrocel. *in* 4. *g. p.*

BELLES-LETTRES.

Grammaires & Dictionnaires de diverses Langues.

431 LE Jardin des Racines Grecques mises en vers François. *Paris*, 1664. *in* 12.

432 Abregé de la Nouvelle Méthode Latine, par Lancelot. *Paris*, 1658. *in* 12.

433 Méthode pour apprendre facilement la Langue Latine , par MM. de Port-Royal. *Paris*, 1696. *in* 8.

434 Nonius Marcellus de Proprietate Sermonum. *Antuerp.* 1665. *in* 8.

435 De Linguarum artificio & doctrina. *Parisiis*, 1751.... Mécanique des Langues, & l'Art de les enseigner, par M. Pluche. *Paris*, 1751. *in* 12.

436 Ambrosii Calepini Dictionarium. *Lugd.* 1681. 2 *vol. in fol.*

437 Henrici Spelmanni Glossarium Archaiologicum. *Londini*, 1664. *in fol.*

438 Caroli du Frêne du Cange Glossarium ad Scriptores mediæ & infimæ Latinitatis. *Paris.* 1678. 3 *vol. in fol. g. p.*

439 Pet. Danetii Dictionarium Latinum & Gallicum, ad usum Delphini. *Lugd.* 1712. *in* 4.

440 Grammaire générale & raisonnée, contenant les fondemens de l'art de parler , par Claude Lancelot. *Paris*, 1679. *in* 12.

441 Traité de la Grammaire Franç. par Regnier Desmarais. *Paris*, 1706. *in* 4.

442 —— La même. *Paris*, 1716. *in* 12.

443 Grammaire Françoise, par le Pere Buffier. *Paris*, 1714. & 1728. 3 *vol. in* 12.

444 Principes généraux & raisonnés de la Gram- 1
maire Françoise, par demandes & réponses, par
Reftaut. *Paris*, 1730. *in 12.*

445 Principes de Grammaire Françoise, par le 1 12
même. *Paris*, 1736. *in 12.*

446 Méthode pour apprendre la Langue & l'Or- 1 15
tographe Françoise, par Jacquier. *Paris*, 1740.
in 8.

447 Méthode pour apprendre à lire le François.
Paris, 1741. *in 12.*

448 Les Vrais Principes de la Langue Françoise, 4 16
par l'Abbé Girard. *Paris*, 1747. *2 vol. in 12.*

449 Remarques fur la Langue Françoise, par Vau-
gelas. *Paris*, 1647. *in 4.*

450 Obfervations de l'Académie Françoife fur les 1 10
Remarques de Vaugelas. *Paris*, 1704. *in 4.*

451 Remarques fur la Langue Françoife. *Rouen*,
1659. *in 12.*

452 Obfervations fur la Langue Françoife, par 1 2
Marguerite Buffet. *Paris*, 1668. *in 12.*

453 Doutes fur la Langue Françoife, par Bou-
hours. *Paris*, 1674. *in 12.*

454 Obfervations de Ménage fur la Langue Fran- 1 10
çoife. *Paris*, 1675. *2 vol. in 12.*

455 Défenfe de la Langue Françoife, par Char- 10
pentier. *Paris*, 1676. *in 12.*

456 Remarques nouvelles fur la Langue Françoife. 1 8
Paris, 1692. *in 12.*

457 Idées nouvelles fur les différentes matieres de
Grammaire, par l'Abbé Dangeau. *Paris*, 1722.
in 8.

458 Des Tropes, ou des différens fens dans lef- 2 10
quels on peut prendre un même mot dans une
même Langue, par M. du Marfais. *Paris*, 1730.
in 8.

E ij

459 Synonymes François, par M. l'Abbé Girard. *Paris*, 1736. *in* 12.

460 Traité de l'Ortographe Françoise en forme de Dictionnaire. *Paris*, 1739. *in* 8.

461 Les Etymologies de plusieurs mots François, par le P. Labbe. *Paris*, 1661. *in* 12.

462 Dictionnaire Etymologique de la Langue Fr. par Gilles Ménage, avec les Origines Françoises de Caseneuve. *Paris*, 1694. *in fol.*

463 Dictionnaire de la Langue Françoise, par P. Richelet. *Amst.* 1732. 2 *vol. in* 4.

464 Dictionnaire Universel Franç. & Lat. *Trév.* 1732. 5 *vol. in fol.*

465 Dictionnaire Comique, Satyrique, Critique & Burlesque, par le Roux. *Amst.* 1750. *in* 8. *m. v.*

466 Dictionnaire des Proverbes François, par Panckouke. *Paris*, 1748. *in* 8. *v. f.*

467 Dictionnaire Neologique, par l'Abbé des Fontaines. *Amst.* 1728. *in* 12.

468 Le Grand Dictionnaire des Précieuses, par de Somaize, avec la Clef. *Paris*, 1661. 2 *vol. in* 8.

469 Méthode Italienne, par Lancelot. *Paris*, 1664. *in* 12.

470 Grammaire Italienne à l'usage des Dames, avec des Dialogues & un Traité de la Poësie, par l'Abbé Antonini. *Paris*, 1731. *in* 12.

471 Dictionnaire Italien & François, par Veneroni. *Paris*, 1723. *in* 4.

472 Dictionnaire Italien, Latin & François, par l'Abbé Antonini. *Paris*, 1735. 2 *vol. in* 4.

RHÉTORIQUE.

473 La Rhétorique d'Aristote, trad. en Franç. par Cassandre. *La Haye*, 1718. *in* 12.

474 Ciceronis Dialogi tres de Oratore, cum no- 1 16
tis Zachariæ Pearce. *Cantabrigiæ*, 1716. *in* 8.

475 Traduction du Traité de l'Orateur de Ciceron, 1 10
avec des notes par l'Abbé Colin. *Paris*, 1737.
in 12.

476 M. Fab. Quintiliani Inſtitutiones... Ejuſdem
Oratoris Eloquentiſſimi Declamationes. *in* 8.

477 M. Fab. Quintiliani Inſtitutionum Oratoria- 2 1
rum Libri x. à Carolo Rollin. *Pariſ.* 1735. *2 vol.*
in 12.

478 Quintilien de l'Inſtitution de l'Orateur, trad. 7 4
par Gedoyn. *Paris*, 1752. *4 vol. in* 12.

479 Réfléxions ſur l'Eloquence , par Brullart de
Sillery. *Paris*, 1700. *in* 12. *v. f.* 1 12
480 La Rhétorique, ou l'Art de parler, par le P.
Lamy. *Paris*, 1715. *in* 12.

481 Réfléxions ſur la Rhétorique & ſur la Poë- 3
tique, par M. de Fenelon. *Amſt.* 1717. *2 vol.*
in 12.

482 Rhétorique Françoiſe à l'uſage des jeunes De- 2 10
moiſelles, avec des exemples tirés pour la plû-
part de nos meilleurs Orateurs & Poëtes mo-
dernes. *Paris*, 1748. *in* 12. *v. f.*

Orateurs Grecs , Latins & François.

483 M. T. Ciceronis Opera. *Pariſ. Rob. Stephanus*, 10
1539. *2 vol. in fol.*

484 Ejuſdem Ciceronis Orationes. *Amſt.* 1659.
3 vol. in 12.

485 M. T. Ciceronis Orationum Analyſis Rheto- 2 8
rica, à Martino du Cygne. *Pariſiis*, 1704. *in*
12.

486 Oraiſons de Ciceron, trad. en François par de 8 10
Villefore. *Paris*, 1731. *8 vol. in* 12.

16487 Remarques fur Ciceron, par le Préfident Bouhier. *Paris*, 1746. *in* 12.

7 16488 Oeuvres de Toureil. *Paris*, 1721. 2 *vol. in* 4.

2 489 Philippiques de Demofthéne & Catilinaires de Ciceron, trad. par M. l'Abbé d'Olivet. *Paris*, 1736. *in* 12.

1 4.490 Entretiens de Ciceron fur les vrais biens & fur les vrais maux, trad. par Regnier Defmarais. *Paris*, 1721. *in* 12.

2 3491 Traité de la Divination, trad. du Latin de Ciceron par le même. *Amft.* 1711. *in* 8.

1 17492 Ciceron de la Vieilleffe & de l'Amitié, trad. par le même. *Paris*, 1725. *in* 12.

1 1493 M. T. Ciceronis de Officiis Libri, de Amicitiâ, Senectute, Paradoxa, Somnium Scipionis. *Amft.* 1669. *in* 12.

2 10494 Les Offices de Ciceron, trad. en Franç. par Dubois. *Paris*, 1692. *in* 8. *vel.*

15495 —— Les mêmes. *Paris*, 1714. *in* 12.

2 6496 Entretiens de Ciceron fur la Nature des Dieux. *Paris*, 1721. 3 *vol. in* 12.

3 10497 —— Les mêmes, trad. par l'Abbé d'Olivet. *Paris*, 1749. 3 *vol. in* 12.

3 498 Ejufdem Ciceronis de Natura Deorum Libri tres, cum notis variorum. *Cantabrigiæ*, 1723. *in* 8.

2 7499 Ejufdem Ciceronis Academia, cum notis variorum. *Cantabrigiæ*, 1725. *in* 8.

2 500 Ejufdem Ciceronis de Legibus Libri tres, cum notis variorum. *Cantabrigiæ*, 1727. *in* 8.

2 501 Ejufdem Ciceronis Tufculanarum Difputationum Libri v. cum notis variorum. *Cantab.* 1723. *in* 8.

502 Tufculanes de Ciceron, trad. par M. d'Olivet. *Paris*, 1732. *in* 12.

503 —— Les mêmes, avec les Remarques du Pré- 3.
sident Bouhier. *Paris*, 1737. *3 vol. in* 12.

504 Ejusdem Ciceronis de finibus bonorum & ma- 7
lorum Lib. v. cum notis variorum. *Cantabrigiæ*,
1727. *in* 8.

505 Pensées de Ciceron, trad. pour servir à l'Edu- 2 8
cation de la Jeunesse, par M. l'Abbé d'Olivet.
Paris, 1744. *in* 12. *v. f.*

506 Danielis Heinsii in obitum Jos. Scaligeri Ora-
tiones duæ. *Lugd. Bat.* 1609. *in* 4. 10

507 Caroli Ruæi Panegyricus Lud. XIV. dictus.
Paris, 1678. *in* 12.

508 Maximes sur le Ministere de la Chaire, & Dis-
cours Académiques, par le P. Gaichiés. *Paris*,
1739. *in* 12. 1 5

509 Discours, Harangues, & autres Piéces d'Elo-
quence & de Poësie de l'Acad. Franç. *Amsterd.*
1699. *2 vol. in* 12.

510 Recueil des Harangues prononcées par MM. 2 1
de l'Académie Françoise. *Paris*, 1714. *3 vol.*
in 12.

511 Recueil des Piéces d'Eloquence & de Poësie 1 1
qui ont remporté les Prix de l'Académie Fran-
çoise depuis 1747. jusqu'en 1753. *Paris*, 1753.
in 12. *broché.*

512 Discours Académique de M. de Maupertuis. 1 12
Dresde, 1753. *in* 12.

513 Oraisons funèbres, par Jac. Benigne Bossuet.
Paris, 1689. *in* 12. 2 5

514 Oraisons funèbres, par M. Fléchier. *Paris*,
1680. *in* 12. *v. f.*

515 Oraisons funèbres de M. Fléchier. *Brux.* 1696. 1 5
in 12.

516 Oraisons funèbres, par Jules Mascaron. *Paris*, 1 1.
1704. *in* 12.

517 Oraiſons funèbres, par Ant. Anſelme. *Paris,* 1701. *in* 12.

518 Recueil de divers Diſcours de l'Abbé Anſelme. *Paris,* 1692. *in* 12.

519 Recueil d'Oraiſons funèbres prononcées par différens Auteurs. 2 *vol. in* 4.

520 Panegyriques de S. Louis, de S. Charles Borromée, &c. *Paris,* 1670. *in* 4. *m. r.*

POETIQUE.

521 La Poëtique d'Ariſtote, trad. en Franç. avec des Remarq. par André Dacier. *Paris,* 1692. *in* 4.

522 Réfléxions ſur la Poëtique d'Ariſtote & ſur les Ouvrages des Poëtes anciens & modernes. *Paris,* 1674. *in* 12.

523 Hiſtoire de la Poëſie Françoiſe, par Mervefin. *Paris,* 1706. *in* 12.

524 ———— La même. *Amſt.* 1717. *in* 12.

525 Hiſtoire de la Poëſie Françoiſe, par Maſſieu. *Paris,* 1739. *in* 12.

526 Traité du Poëme Epique, par le Boſſu. *Paris,* 1708. *in* 12.

527 Réfléxions Critiques ſur la Poëſie & ſur la Peinture, par l'Abbé Dubos. *Paris,* 1732. *3 vol. in* 12.

528 Réfléxions ſur la Poëſie Françoiſe, par du Cerceau. *Paris,* 1742. *in* 12.

529 Examen Philoſophique de la Poëſie en général, par M. Remond de Saint-Mard. *Paris,* 1729. *in* 12.

530 Réfléxions ſur la Poëſie en général, par M. Remond de Saint-Mard. *La Haye,* 1734. *in* 12. *double.*

531

531 Traité de la Prosodie Françoise, par M. 4 . 11.
l'Abbé d'Olivet. *Paris*, 1736. *in* 12.

532 Poëtique Françoise à l'usage des Dames, avec 3 . 17.
des exemples. *Paris*, 1749. 2 *vol. in* 12. *v. f.*

533 Connoissance des beautés & des défauts de la 2
Poësie & de l'Eloquence dans la Langue Fran-
çoise. *Lond.* 1749. *in* 12. *v. f.*

534 Quatre Traités de Poësies Latine, Françoise, 17.
Italienne & Espagnole. *Paris*, 1663. *in* 8.

Poëtes Grecs & Latins.

535 Le Théatre des Grecs, par le P. Brumoy. 13. 4.
Amst. 6 *vol. in* 12.

536 L'Œdipe & l'Electre de Sophocle, traduites 2 . 1
par Mad. Dacier. *Par.* 1692, *in* 12. *v. f. d. s. t.*

537 Œdipe, Tragedie de Sophocle, & les Oi- 2
seaux, Comedie d'Aristophane, trad. par Boi-
vin. *Paris*, 1729. *in* 12. *v. f.*

538 Traduction en Vers François des Odes d'A- 1 10
nacréon, par M. de la Fosse, avec le texte à
côté. *Paris*, 1706. *in* 12.

539 Les Odes d'Anacréon & de Saphe, par Ga- 2 3
con. *Rotterdam*, 1712. *in* 12.

540 L'Iliade & l'Odissée d'Homere, trad. en 22 5
François avec les remarques de Madame Da-
cier. *Paris*, 1711. 6 *vol. in* 12.

541 Remarques sur Homere. *Paris*, 1728... Elo- 2 17
ge Histor. & Crit. d'Homere, trad. de l'An-
glois. *Paris*, 1749, *in* 12. *v. f.*

542 L'Iliade, Poëme, par M. de la Motte. *Paris*, 1 19
1714. *in* 8.

543 Dissertation Critique sur l'Iliade d'Homere, 1 10
par M. Terrasson. *Paris*, 1715. 2 *vol. in* 12.

544 Des causes de la corruption du Goût, par 1 10
Madame Dacier. *Paris*, 1714. *in* 12.

545 Apologie d'Homere & Bouclier d'Achille. *Paris*, 1715. *in* 12.

545 * Q. Ennii Fragmenta. *Amst.* 1707. *in* 4.

546 Comedies de Plaute, traduites en François, avec des remarques, par Madame Dacier. *Paris*, 1683. *3 vol. in* 12.

547 P. Terentii Comœdiæ. *Lugd. Bat. Elz.* 1635. *in* 12. *m. r. d. s. t.*

548 —— Idem, cum notis Gabrielis Faerni & Rich. Bentleii. *Amst.* 1727. *in* 4. *v. s.*

549 Les Comedies de Terence, trad. avec des rem. par Madame Dacier. *Rott.* 1717. *3 vol. in* 12. *fig.*

550 Titus Lucretius Carus de Rerum Natura. *Par. Coustelier*, 1744. *in* 12. *m. r. fig.*

551 Lucrece traduit en François par le Baron des Coutures. *Paris*, 1685. *2 vol. in* 12.

552 Anti-Lucretius, sive de Deo & Natura Libri novem Melchioris de Polignac, opus posthumum Caroli d'Orleans de Rothelin. *Parisiis*, 1747. *2 vol. in* 8. *m. c.*

553 L'Anti-Lucrece, Poëme sur la Religion naturelle, composé par M. le Cardinal de Polignac, traduit par Bougainville. *Paris*, 1749. *in* 8. *v. s.*

554 Catullus, Tibullus & Propertius, ex recens. Jos. Scaligeri. *Par.* 1577. *in* 8.

555 Catullus, Tibullus, Propertius. *Amst.* 1686. *in* 24.

556 Catullus, Tibullus & Propertius. *Lutetiæ*, 1723. *in* 4.

557 Catullus, Tibullus & Propertius. *Par. Coustelier*, 1743. *in* 12. *fig. m. r.*

558 M. Antonii Mureti notæ in Catullum, Tibullum & Propertium. *in* 8.

559 Catullus & in eum Commentarius Antonii

Mureti. *Venetiis*, 1554. *in* 8.

560 Publii Virgilii Maronis Opera, cum interpre- *5.*
tatione & notis Caroli Ruæi. *Parisiis*, 1682.
in 4.

561 Ejufdem Codex Antiquiffimus juxta exem- *6.* *6.*
plar Florentinum editus. *Florentiæ*, 1741. *in* 4.
v. f.

562 N. Abrahami Commentarius in Publ. Virgi-
lium. *Tolofæ*, 1532. *in* 8.   *6*   *12*

563 Virgile Lat. Fr. par la Landelle de S. Remi.
Paris, 1736. 4 *vol. in* 8.

564 Le même , trad. par Guyot Desfontaines. *16* *12*
Paris, 1743. 4 *vol. in* 8.

565 Les Eglogues de Virgile, trad. en Vers Franç.
par Richer. *Paris*, 1736. *in* 8.

566 Les Georgiques de Virgile , trad. en Vers *4.* *4.*
Franç. par Segrais. *Paris*, 1712. *in* 8.

567 L'Eneïde de Virgile, trad. par M. de Segrais.
Paris, 1668. 2 *vol. in* 4.

568 Les Amours d'Enée & de Didon, Poëme,   *12.*
trad. de Virgile par le P. Bouhier. *Paris*, 1742.
in 12.

569 Q. Horatius Flaccus. *Lugd. Bat. Elz.* 1629. *12* *15.*
2 *vol. in* 12. *m. r. d. f. t.*

570 —— Idem, cum notis & interpretat. Jof. *2* *11*
Juvencii. *Parif.* 1696. 3 *vol. in* 12.

571 —— Idem, ex recenfione & cum notis Ri- *7* *5*
chardi Bentleii. *Amft.* 1713. *in* 4.

572 —— Idem. *Amft.* 1728. *in* 4.   *13* *5*

573 —— Idem. *Londini, Pine*, 1733. 2 *vol. in* 8. *63* *1*
c. m. m. r. fig.

574 Ejufdem Epodon Liber cum Commentariis
Jacobi Cruquii. *Antuerpiæ*, 1567. *in* 8.   *8*   *1*

575 Horace traduit par Dacier. *Paris*, 1681. *10*
vol. in 12.

576 Horace Latin & François, par Dacier & le *30*

P. Sauadon. *Amst.* 1735. 8 *vol. in* 12.

3   3.577 Horace Lat. Fr. par le Pere Tarteron. *Paris,* 1739. 2 *tom. en* 1 *vol. in* 12.

2   8 {
578 Les Odes d'Horace, traduit en Vers par Pellegrin. *Paris,* 1715. 2 *vol. in* 12.

579 Essai d'une nouvelle Traduction d'Horace en Vers François. *Amst.* 1727. *in* 12.

580 Dissertation Critique sur l'Art Poëtique d'Horace. *Paris,* 1698. *in* 12.
}

3   17 581 P. Ovidii Nasonis Opera. *Amst.* 1685. 3 *vol. in* 24.

48.   582 —— Eadem, cum diversorum notis, præsertimq. Petri Burmanni. *Amst.* 1727. 4 *vol. in* 4. c. m.

1   11.583 Commentaire sur les Epîtres d'Ovide, par Gaspard Bachet de Meziriac. *La Haye,* 1716. 2 *vol. in* 8.

3   13 584 Les Métamorphoses d'Ovide figurées. *Lyon,* 1557. *in* 8. *m. r.*

18   2 585 Métamorphoses d'Ovide en Rondeaux, par Benserade. *Paris,* 1676. *in* 4. *m. r. fig.*

82.   586 Les Métamorphoses d'Ovide, par Banier. *Amf.* 1732. *in fol. m. r. fig.*

8   587 Phædri Fabulæ, cum Commentario Petri Burmanni. *Lugd. Bat.* 1727. *in* 4.

2   14.588 Phædri Fabularum Æsopiarum Libri quinque. *Paris. Coutelier,* 1742. *in* 12.

3   1 589 L. Annæi Senecæ Tragœdiæ, ex editione Fr. Gronovii, cum notis variorum. *Amstel.* 1662. *in* 8.

1   12.590 M. Annæi Lucani de Bello civili Libri decem. *Lutetiæ, Rob. Stephanus,* 1545. *in* 8. *v. f. d. s. t.*

3   15 591 La Pharsale de Lucain, par Brebeuf. *Paris,* 1682. *in* 12. *v. f. d. s. t. fig.*

10 592 D. Junii Juvenalis & Auli Persii Flacci Satyræ, cum notis Th. Farnabii. *Amst.* 1668. *in* 12.

593 Auli Perfii Flacci Satyræ, cum notis Joannis Bond. *Amft.* 1745. *in* 12.   1   16

594 M. Valer. Martialis. *Amft. Elz.* 1650. *in* 24.

595 Martialis Epigrammata, cum notis Th. Far-nabii. *Amft.* 1678. *in* 12.   1   10

596 —— Idem. *Parif.* 1693. 2 *vol. in* 12.

596 * C. Silius Italicus, cum variorum notis. *Traj. ad Rhenum*, 1717. *in* 4.   7

597 Publii Papinii Statii Opera, cum notis Emerici Crucei. *Parif.* 1618. *in* 4.   1   10

598 D. Magni Aufonii Opera, cum interpret. & notis Juliani Floridi, ex recenfione Joan. Bapt. Souchay. *Parif.* 1730. *in* 4.   11   19

598 * Sidonius Apollinaris. *Parif.* 1652. *in* 4.   7   9

599 Actii Sinceri Sannazari Opera, cum notis diverforum. *Amft.* 1728. *in* 8.   4   5

600 Les Paftorales de Nemefien & de Calpurnius, trad. par de Merault. *Brux.* 1744. *in* 8.   3   12

601 L'Etna de Corn. Severus, & les Sentences de Publ. Syrus, trad. par de Serione. *Paris*, 1736. *in* 12.   1

602 Epigrammata & Poëmata vetera. *Parif.* 1590. *in* 12.   10

603 Epigrammatum delectus. *Parif.* 1659. *in* 12.   12

604 Fran. Vavafforis de Epigrammate Liber, & Epigrammatum Libri tres. *Parif.* 1669. *in* 8.   10

505 M. Manilii Aftronomicon, edente Richardo Bentleio. *Lond.* 1739. *in* 4. *v. f. d. f. t.*   5   7

506 Buchanani Poëmata. *Amft.* 1687. *in* 24.   2   4

607 Jacobi Sannazarii Opera. *Lugd.* 1587. *in* 16.   1   1

608 Danielis Heinfii Poëmata. *Lugd. Bat.* 1640. *in* 12.

609 Mathiæ Cafimiri Sarbievii Carmina. *Cantabr.* 1684. *in* 24.   14

610 Sidronii Hoffchii & Guillelmi Becani Carmina. *Lugd.* 1688. *in* 12.   1

611 Jacobi Wallii Poëmata. *Lugd.* 1688. *in* 12.   10   10

612 Johannis Bonefonii Arverni Carmina. *Lond.*
1720. *in* 12.

613 Gabrielis Coffartii Orationes & Carmina. *Par.*
1723. *in* 12.

614 Ægidii Menagii Poëmata. *Parif.* 1656. *in* 12.

615 —— Idem. *Parif.* 1668. *in* 12.

616 Joannis Commirii Carmina. *Parif.* 1678. *in* 4.

617 —— Idem. *Parif.* 1714. 2 *vol. in* 12.

618 Caroli Ruæi Carmina. *Parif.* 1688. *in* 12. *fig.*

619 Renati Rapini Carmina. *Parif.* 1690. *in* 12.

620 Joannis-Bapt. Santolii Carmina. *Parif.* 1698.
in 12.

620 * Oeuvres de Santeuil en vers Franç. *Paris,*
1698. *in* 12.

621 Joannis-Bapt. Santolii Hymni facri & novi.
Parif. 1698. *in* 12. *v. f. d. f. t.*

622 Jac. Vanierii Carmina. *Parif.* 1696. 2 *vol. in*
12.

623 Joannis Antonii du Cerceau Carmina. *Parif.*
1705. *in* 12.

624 Petri Danielis Huetii Carmina, quinta Editio.
Parif. 1709. *in* 12.

625 P. D. Huetii & Cl. Fr. Fraguerii Carmina.
Parif. 1729. *in* 12.

626 Natalis Stephani Sanadonis Carmina. *Lutetiæ,*
1715. *in* 12.

627 Fr. Mariæ Marfy Templum Tragœdiæ. *Par.*
1734.... Ejufdem, Pictura. *Parif.* 1736....
De la Corruption du Goût dans la Mufique
Françoife, par M. Bollioud de Mermet. *Lyon,*
1746... Epître de M. Greffet à fa Mufe. *Paris,*
1736... Ver-vert, par le même. *Amft.* 1735...
Copies de trois Lettres de J. B. Rouffeau fur
les premiers Ouvrages de M. Greffet. *La Haye,*
1736.... Natilica, Conte Indien. *Amft.* 1749...
Lettre d'un Académicien de Province à MM.
de l'Académie Françoife. 1749... Lettre fur le

Catilina de M. de Crébillon. *Londres*, 1748....
Lettre à M. de Marmontel fur fon Ariftomene.
Paris, 1749... Lettre à l'Auteur de Nanine...
Lettres contre l'Effai fur l'Homme. *La Haye*,
1746. *in* 12.

628 Poëtarum ex Academiâ Gallicâ, qui Latinè   1   10
aut Gallicè fcripferunt Carmina. *Parif.* 1738.
in 12.

629 Poëmata Didafcalica nunc primum vel edita,   4   4
vel collecta. *Parif.* 1749. *3 vol. in* 12.

Poëtes François.

630 Recueil des plus belles Piéces des Poëtes Fran-   8   1
çois, depuis Villon jufqu'à Benferade, recueil-
lies par M. de Fontenelle. *Paris, Barbin,* 1692.
5 vol. in 12.

631 Recueil de Poëfies choifies. *Paris, de Sercy,*   4   1
1660. *5 vol. in* 12.

632 Recueil des plus belles Epigrammes des Poë-   1   12
tes François, depuis Marot jufqu'en 1700. *Par.*
1700. *2 tom. en 1 vol. in* 12.

633 Nouveau Recueil des Epigrammatiftes Fran-   5
çois, anciens & modernes, recueilli par Bruzen
de la Martiniere. *Amft.* 1720. *2 vol. in* 12.

634 Recueil de Poëfies Chrétiennes & diverfes,   1   10
par la Fontaine. *Paris,* 1671. *3 vol. in* 12.

635 Choix de Poëfies Morales & Chrétiennes,   4   4
depuis Malherbe jufqu'à préfent, recueillies par
M. Lefort. *Paris,* 1739. *3 vol. in* 12.

636 Le Parnaffe Chrétien. *Paris,* 1748. *2 vol. in*   1   14
12. *v. f.*

637 Recueil de Vers choifis par le P. Bouhours.   2   2
Paris, 1693. *in* 12.

638 Nouveau choix de Piéces de Poëfie. *La Haye,*   3   3
1715. *2 vol. in* 8.

2   9 639 Piéces de Poësie qui ont remporté le Prix à l'Academie Françoise, depuis 1671. jusqu'en 1747. *Paris*, 1747. *in* 12.

7   11 640 Recueil de Poëtes Gascons. *Amst.* 1700. 2 *vol. in* 12.

6   10 641 Le Rommant de la Rose, par Jean de Meung & Thomas Lorris. *Paris*, 1529. *lettres rondes. in* 12.

1   5 642 Les Oeuvres de François Villon. *Par.* 1723. *in* 12.

2   18 643 Les Poësies de Martial de Paris, dit d'Auvergne. *Paris*, 1724. 2 *vol. in* 12.

1   12 644 Les Poësies de Guillaume Cretin. *Par.* 1723. *in* 12.

4   19 645 Les Oeuvres de Clément Marot. *Nyort, Thomas Portau*, 1596. *in* 16. *m. r.*

8   15 646 ——— Les mêmes. *La Haye*, 1700. 2 *vol. in* 12. *v. f. d. s. t.*

50   5 647 Oeuvres de Clement, Jean & Michel Marot, avec les notes de M. l'Abbé Lenglet du Fresnoy. *La Haye*, 1731. 4 *vol. in* 4. *fig.*

1   5 648 Oeuvres Poëtiques de Mellin de Saint-Gelais. *Paris*, 1719. *in* 12.

5   10 649 Oeuvres de Pierre de Ronsard. *Paris*, 1632. 2 *vol. in fol. m. r.*

12 650 Oeuvres de Philippes des Portes. *Rouen*, 1611. *in* 12.

7   651 Les Oeuvres de Malherbe, avec les Observations de Ménage. *Paris*, 1723. 3 *vol. in* 12.

7   652 Les Satyres de Mathurin Regnier. *Leyde, Elz.* 1652. *in* 12.

8   1 653 ——— Les mêmes, avec les Remarques de Brossette. *Amst.* 1730. *in* 4.

13 654 Les Oeuvres de Maynard. *Paris*, 1646. *in* 4.

4   1 655 Oeuvres d'Honorat de Beuil de Racan. *Paris*, 1724. 2 *vol. in* 12.

656

656 La Pucelle, ou la France délivrée par Cha- 5.
pelain. *Paris*, 1656. *in fol.*

657 Les Poëfies de Cotin. *Paris*, 1659. *in* 12. 10

658 Poëfies diverfes de Colletet. *Paris*, 1656. *in* 1   6
12.

659 Clovis, ou la France Chrétienne, Poëme hé- 5
roïque, par J. Defmareft. *Paris*, 1657. *in* 4.

660 Oeuvres de Poëfies de M. Perrin. *Paris*, 1661. 10
in 12.

661 Poëfies Chrétiennes d'Ant. Godeau. *Paris*, 4.   1
1660. 3 *vol. in* 12.

662 Diverfes Poëfies de Jean Renaud de Segrais. 10
Paris, 1659. *in* 12.

663 Madrigaux de la Sabliere. *Paris*, 1680. *in* 1 5
12.

664 Poëfies de l'Abbé de Villiers. *Paris*, 1728. 1
in 12.

665 L'Art de Prêcher, par l'Abbé de Villiers. 12
Touloufe, 1683. . . . . . Lutrigot, Poëme héroï-
comique. *Marfeille*, 1686. *in* 12.

666 La Mufe Moufquetaire, par de Saint-Gilles. 1   8
Paris, 1709. *in* 12.

667 Fables choifies, mifes en vers par la Fontaine. 2   1
Amft. 1732. *in* 12.

668 Fables choifies par Jean de la Fontaine, avec 5   1
les notes de Cofte. *Paris*, 1743. *in* 12. *m. cit.*
d. f. t.

669 Fables de la Fontaine, avec un Commentaire 8   1
par M. Cofte. *Paris*, 1746. 2 *vol. in* 12. *fig.*
m. b.

670 Oeuvres diverfes de la Fontaine. *Par.* 1729. 3   4.
3 *vol. in* 8.

671 Les Oeuvres pofthumes de J. de la Fontaine. 10
Paris, 1696. *in* 12.

672 Les Oeuvres de Bouillon. *Paris*, 1663. *in* 10
12.

G

1 10 673 Oeuvres diverses de Boileau Despréaux. *Par.* 1685. *in* 12.

60 674 Oeuvres de Nicolas Boileau Despréaux, avec les notes de Brossette. *Amst.* 1718. 2 *vol. in fol. fig.*

30 1 675 Les Oeuvres de Boileau Despréaux, avec des Eclaircissemens historiques donnés par lui-même, enrichies de fig. & vig. gravées par Ber. Picart. *La Haye*, 1722. 4 *vol. in* 12. *m. r.*

1 1 676 Les Oeuvres de Boileau Despréaux, avec des Eclaircissemens historiques, par l'Abbé Souchay. *Paris*, 1735. 2 *vol. in* 12.

20 1 677 Les Oeuvres de Boileau Despréaux, avec les Eclaircissemens. *Paris*, 1740. 2 *vol. in* 4. *fig. m. r.*

1 678 Perillustris viri Nic. Boileau Despréaux Opera, è Gallicis numeris in Latinos translata à D. Godeau. *Paris.* 1737. *in* 12.

1 10 679 Oeuvres de Jean de la Chapelle. *Holl.* 1700. 3 *vol. in* 12. *v. f.*

1 10 680 Poësies Françoises de l'Abbé Regnier Desmarais. *Paris*, 1707. *in* 12.

3 10 681 Poësies de Madame Deshoulieres. *Par.* 1724. 2 *vol. in* 8.

1 4 682 Oeuvres de Madame & Mademoiselle Deshoulieres. *Paris*, 1747. 2 *vol. in* 12. *v. f.*

2 2 683 Les Oeuvres de Pavillon. *Amst.* 1720. *in* 12.

10 684 Odes de la Motte. *Paris*, 1707. *in* 12.

1 10 685 Odes de la Motte. *Paris*, 1713. 2 *tom. en* 1 *vol. in* 12.

7 5 686 Fables Nouvelles, par Houdar de la Motte. *Paris*, 1719. *in* 4. *fig.*

2 687 Les Fables de la Motte, trad. en vers Franç. par Gacon. *in* 12.

1 2 688 Poësies de la Monnoye, avec son Eloge, publiées par de Salengre. *La Haye*, 1716. *in* 8.

689 Epigrammes & autres Piéces de Senecé. *Par.* 2   5
   1717. *in* 12.
690 Poëſies du Pere Sanlecque. *Harlem ,* 1726. 1   7
   in 12.
691 Contes & Nouvelles de Vergier. *Amſt.* 1737. 5
   2 *vol. in* 12.
692 Oeuvres de Jacques Vergier. *Lauſanne ,* 1750. 4
   2 *vol. in* 12.
693 Poëſies de M. l'Abbé de Chaulieu & de M. le   1
   Marquis de la Farre. *Amſt.* 1724. *in* 8.
694 Oeuvres diverſes de MM. de Chaulieu & de   ?   11.
   la Farre. *Amſt.* 1733. 2 *tom. en* 1 *vol. in* 8.
695 Oeuvres de Guillaume Amfrye de Chaulieu. 4.
   Paris , 1750. 2 *vol. in* 12.
696 Recueil des Poëſies du P. du Cerceau. *Paris ,* 2   1
   1720. *in* 8.
697 Oeuvres mêlées de la Grange. *Amſt.* 1724. 2   10
   in 12.
698. Oeuvres diverſes de J. B. Rouſſeau. *Soleure ,* 1   1
   1712. *in* 12.
699 Les Oeuvres de Rouſſeau. *Paris ,* (*Hollande*)
   1716. 2 *vol. in* 12.   5   19
700 Anti-Rouſſeau , par Gacon. *Holl.* 1716. *in* 12.
   fig.
701 Oeuvres diverſes de Rouſſeau. *Amſt.* 1726. & 5   1
   1735. 4 *vol. in* 12.
702 Oeuvres de Jean-Baptiſte Rouſſeau. *Bruxel.* 72   1
   1743 , 3 *vol. in* 4. *fig. m. r. d. ſ. t.*
703 Oeuvres diverſes de Roy. *Paris ,* 1727. 2 *tom.* ?
   en 1 *vol. in* 8. *fig.*
704 La Ligue ou Henry le Grand , Poëme Epique   1   1
   par M. de Voltaire. *Geneve ,* 1733. *in* 8.
705 La Henriade , par M. de Voltaire. *Londres ,* 1   12.
   1730. *in* 8.
706 Henriade , avec des variantes & des notes , par 1   8
   M. Arouet de Voltaire. *Londres ,* 1733. *in* 8.

G ij

5.   707 Oeuvres de M. de Voltaire. *Amst.* 1732. 2 tom. *en* 1 *vol. in* 8. *fig.*

10708. Poësies de Mademoiselle Malcrais de la Vigne. (M. Desforges-Maillard.) *Par.* 1735. *in* 12. *br.*

4.   709 Poësies diverses de M. Desforges - Maillard. *Amst.* 1750. *in* 12. *v. f.*

710 Clovis, Poëme. *Paris,* 1725. *in* 8.

2   8 711 Oeuvres de Chalamont de la Visclede. *Paris,* 1727. 2 *tom. en* 1 *vol. in* 12.

4   7. 712 Les deux Tonneaux, par M. Piron. *Paris,* 1744... Le Bâtiment de Saint Sulpice, par le même. *Ibid.* 1745... Le Temple de Mémoire, par le même. *Paris,* 1744... Odes sur la Religion, par M. de Claris. *Paris,* 1747... Lettre sur le Temple du Goût... Avis sinceres à M. de V. sur son Poëme de Fontenoi... Testament d'un Gentilhomme Gascon. *Paris,* 1748... Mémoires sur la Ville souterraine d'*Herculanum* ou Heraclée. *Paris,* 1748... Lettre sur le Rhinoceros. *Paris,* 1749... Odes nouvelles, par M. Robbé de Beauvezet. *Paris,* 1749. *in* 8.

1.   713 La Religion, Poëme, par l'Abbé Asselin. *Paris,* 1725. *in* 8.

2   1 714 Aurelia ou Orleans délivré. *Paris,* 1738. *in* 12.

2   8. 715 La Religion, Poëme, par M. Racine le fils. *Paris,* 1742. *in* 8.

4.   17. 716 —— La même. *Paris,* 1724. *in* 12. *m. cit. d. f. t.*

2   9 717 La Grandeur de Dieu dans les merveilles de la Nature, par M. Dulard. *Paris,* 1704. *in* 12. *v. f.*

2   8 718 Malthe, ou l'Isle - Adam, Poëme, par M. Privat de Fontanilles. *Paris,* 1749. *in* 8.

1   9 719 L'Art d'aimer, Poëme héroïque en quatre chants, 1745. *in* 8. *broch.*

720 Fables Nouvelles, mises en vers, par Richer. 2. 4.
    Paris, 1748. *in* 12. *u. s. d. s. t.*

721 Fables Nouvelles, par M. Pesselier. *Paris,* 2 8
    1748. *in* 8.

722 Poësies diverses de M. l'Abbé de Bernis. 3 1
    Paris, 1744... Panégyrique de M. Cochin,
    Avocat. *Paris,* 1749... Le Rhinoceros, Poë-
    me en prose, 1750... L'Art du Théatre, par
    Riccoboni. *Paris,* 1750. *in* 8.

723 Les Oeuvres de M. Lefranc. *Paris,* 1746. 6
    in 8.

724 Poësies sacrées de M. Lefranc. *Paris,* 1751.
    in 8. *fig. v. s.*

725 Piéces dérobées à un ami, par M. Lattaignaint. 2 7
    Paris, 1750. 2 *vol. in* 12.

726 Les Oeuvres de M. Gresset. *Geneve,* 1744. 4 10
    in 12.

727 Poësies à la louange du Roi, par Genest. 1 11
    Paris, 1674... Sacra expeditio, & recens Vic-
    toria Polonica Heroicis utraque modis. *Paris,*
    1674.... Christus Patiens, carmen heroicum.
    Paris, 1674.... Joan. Bapt. Santolii Victorini
    Selecta Carmina. *Paris,* 1670. *in* 8.

728 Les Poësies de M. G. *Blois,* 1734. *in* 12.
    broch.

729 Les Dons des Enfans de Latone, la Musi- 4
    que, & la chasse du Cerf, Poëmes dédiés au
    Roi. *Paris,* 1734. *in* 8. *fig.*

Poëtes Dramatiques.

731 La Pratique du Théatre, par l'Abbé d'Au- 4 12.
    bignac. *Amsterd.* 1715. 2 *vol. in* 8.

732 Discours sur la Comédie, ou Traité Hist. 1
    & Dog. des Jeux de Théatre soufferts ou con-
    damnés par l'Eglise, par le P. Pierre le Brun.

Paris, 1731. *in* 12.

1   10 733 De la Réformation du Théatre, par Ricco-
boni. *Paris*, 1743. *in* 12.

2   734 Le Comédien, par M. Remond de Sainte
Albine. *Paris*, 1747. *in* 8. *v. f.*

1   735 Essai sur la Comédie Moderne. *Paris*, 1752.
in 12. *broch.*

     736 Hist. de l'ancien Théatre jusqu'en 1697. par
Mrs Parfait. *Paris*, 1753. *in* 12.

36   4 737 Histoire du Théatre François, depuis son
origine jusqu'à présent, par MM. Parfait. *Paris*,
1745. *& suiv.* 15 *vol. in* 12.

1   738 Bibliothéque des Théatres, contenant le Ca-
talogue alphabétique de toutes les Piéces de
Théatre. *Paris*, 1733. *in* 8.

16   739 Le Théatre François, ou Recueil des meil-
leures piéces de Théatre. *Paris*, 1737. 12 *vol.*
in 12.

     740 Les Oeuvres de P. & de T. Corneille. *Paris*,
1682. 10 *vol. in* 12.

12   16 741 Oeuvres diverses de Pierre Corneille. *Paris*,
1738. *in* 12.

     742 Les Sentimens de l'Académie Françoise sur
la Tragédie du Cid. *La Haye*, 1696.

2   10 743 Recueil de Dissertations sur plusieurs Tragé-
dies de Corneille & de Racine, recueillies par
l'Abbé Granet. *Paris*, 1740. 2 *vol. in* 12.

5   6 744 Oeuvres de Racine. *Paris*, 1697. 2 *vol. in* 12.

6   1 745 ———— Les mêmes. *Paris*, 1736. 2 *vol. in* 12.

5   2 746 Remarques sur les Tragédies de Jean Racine,
par Louis Racine. *Amst.* 1752. 3 *vol. in* 12.

13   747 Le Théatre de Quinault. *Paris*, 1739. 5 *vol.*
in 12.

80   10 748 Oeuvres de J. B. P. de Moliere. *Paris*, 1734.
6 *vol. in* 4. *fig.*

11   749 ———— Les mêmes. *Paris*, 1697. 8 *vol. in* 12.

750 Observations sur la Comédie & sur le Génie 1.
de Moliere, par Riccoboni. *Paris*, 1736. *in* 12.

751 Les Oeuvres de Poisson. *Paris*, 1679. *in* 12.   1   10

752 Oeuvres de Théatre de M. de la Motte. *Paris*,
1730. 2 *vol. in* 8.

753 Recueil de Piéces pour & contre la Tragédie 4.
d'Inès de Castro. 2 *vol. in* 8.

754 Les Oeuvres de Baron. *Holl.* 1694. *in* 12.   1   16
v. f.

755 Les Fables d'Esope, Comédie, par Boursaut.   1
Paris, 1690. . . . . La Comédie sans titre, par
Poisson. *Paris*, 1683. *in* 12.

756 Les Oeuvres de Pradon. *Paris*, 1688. *in* 12.   1   5

757 Les Oeuvres de Regnard. *Paris*, 1714. 2 *vol.*   3   1
in 12.

758 Les Folies Amoureuses, Comédie par Re-   10
gnard. *Paris*, 1694. *in* 12.

759 Le Théatre de Boindin. *Paris*, 1702. *in* 12.   1   17

760 Oeuvres de Boindin. *Paris*, 1753. 2 *tom. en*   4.
1 *vol. in* 12.

761 Théatre de Brueys. *Paris*, 1735. 3 *vol. in* 12.   5   11

762 Les Oeuvres de Palaprat. *Paris*, 1712. 2 *vol.*
in 12.
                                                     6
763 Théatre de Boursault. *Paris*, 1725. 3 *vol.*
in 12.

764 Les Oeuvres de Campistron. *Paris*, 1715.   1   12
in 12.

765 Les Oeuvres de M. de Crebillon. *Paris*, 1737.   2   1
2 *tom. en* 1 *vol. in* 12.

766 Le Théatre de Destouches. *Paris*, 1745. 5 *vol.*   10   19
in 12.

767 Le Théatre de Marivaux. *Paris*, 1735. 2 *vol.*   6
in 12.

768 Nouveau Théatre François. François II. en   3
5 Actes, par M. le Président Hénault, 1747...
Recueil de Piéces en Prose & en Vers de l'A-

cadémie de la Rochelle. *Paris*, 1747..... Le Poëte réformé, ou Apologie pour la Semiramis de M. de Voltaire. *Amst.* 1748. *in* 8.

3   1769 Penelope, par Geneft. Cyrus, par Danchet. Les Tyndarides, par le même. Momus Fabulifte, par Fuzelier. Cléopatre, par de la Chapelle. Antiochus, par Nadal. Le Nouveau Monde. *Paris*, 1716. *& fuiv. in* 12.

3   ? 770 Medée, Trag. de Longepierre. Brutus, de Mademoifelle Bernard. Abfalon, de Duché. Marianne, de Triftan. L'Ecole des Amans, de Joly. Amafis, de la Grange. Saul, de Nadal. Le Triomphe de l'Interêt, de Boiffy, *in* 12.

3   17771 Catilina, Trag. par M. de Crebillon. *Paris*, 1749..... Denis le Tiran, par M. Marmontel. *Paris*, 1749.... Le Marchand de Londres, ou l'Hiftoire de George Barnwell, Trag. Bourgeoife, 1748.... Merope, Trag. par M. Clement. *Paris*, 1749.... Critique de Semiramis. *Amst.* 1749. *in* 12.

3.   772 Cenie, par Madame de Grafigny. Cléopatre, Tragédie, par M. Marmontel. Hiftoire de la Félicité. Les Lettres Perfanes convaincues d'impieté. 1751. Mémoire de Madame Rapalli.

4   1773 Recueil de Piéces de Théatre, contenant Zaïre, Alzire, la Mort de Céfar, l'Enfant Prodigue, le Temple du Goût, Lettre au fujet du Temple du Goût, la Metromanie, *in* 8. *v. f.*

3   14.774 Brutus, Trag. par M. de Voltaire. *Paris*, 1731.... Herode & Marianne, par le même. *Paris*, 1725.... Inès de Caftro, par Houdart de la Motte. *Paris*, 1723.... Apologie de M. de la Motte. *Paris*, 1724.... Guftave, Trag. par M. Piron. *Paris*, 1733. *in* 8.

4   16774 * Mahomet fecond, par M. de la Noue. *Paris*, 1739, Thelamire, Tragedie. *Paris*, 1739. Les
                                        Sauvages

Sauvages , Parodie de la Tragédie d'Alzire.
Paris, 1736. La Surprise de la Haine , Comédie.
Paris, 1734. L'Ecole du Temps , Comédie. *Paris*, 1738. Les Etrennes ou la Bagatelle. *Paris*, 1733. *in 8*.

775 Semiramis , Tragédie. . . . . Nanine , Comédie. . . . Parallele de la Henriade & du Lutrin. . . . Recueil de Piéces en Vers & en Prose , par l'Auteur de la Tragédie de Semiramis . . . . Babouc , ou le Monde comme il va , *in 12*.

776 Didon , Tragédie. *Paris*, 1734. Les Adieux de Mars , 1735. Marie Stuart , Tragédie. Thomas Morus , ou le Triomphe de la Foi , Tragédie. 1735. Aben-Saïd , Tragédie. La Fille Arbitre , Comédie. Le Fat puni , Comédie. *in 8*. *v. f.*

777 Recueil général des Opera , représentés par l'Académie Royale de Musique , depuis son établissement. *Paris*, 1703. & *suiv*. 14 *vol. in 12*.

778 Recueil de Chansons choisies , par de Coulanges. *Paris*, 1694. 2 *vol. in 12*.

779 ——— Le même. *Paris*, 1698. *in 12*.

780 Hist. du Théatre Italien , par Louis Riccoboni , dit Lelio. *Paris*, 1727. 2 *vol. in 8. v. f. fig.*

781 Le Théatre Italien de Gherardi. *Paris*, 1700. 6 *vol. in 12*.

Poëtes Italiens , Anglois , &c.

682 Il Goffredo overo la Gierusaleme liberata di Torquato Tasso. *In Parigi nella Stamperia Reale.* 1644. *in fol. m. r.*

783 Jerusalem délivrée , Poëme Héroïque du Tasse , trad. en François , par M. Mirabaud. *Paris*, 1733. 2 *vol. in 12*.

H

784 L'Aminte du Taſſe, trad. en Vers François. *Paris*, 1666. *in* 12. *fig.*

785 Le Berger Fidéle , traduit de l'Italien de Guarini, en Vers François, avec l'Italien à côté. *Paris*, 1667. *in* 12.

786 Le Théatre Anglois, trad. par M. de la Place. *Paris*, 1749. *& ſuiv.* 8 *vol. in* 12.

787 Lettre ſur le Théatre Anglois , 1752. 2 *vol. in* 12.

788 Idée de la Poëſie Angloiſe, ou trad. des meilleurs Poëtes Anglois, par l'Abbé Yart. *Paris*, 1749. 3 *vol. in* 12.

789 Le Paradis perdu , par Milton, trad. par M. Dupré de Saint-Maur. *Paris*, 1729. 3 *vol. in* 12.

790 Choix de différens morceaux trad. de l'Angl. par M. Trocherau. *Par.* 1749. *in* 12.

791 Le Temple de la Renommée, Poëme de M. Pope, trad. en vers François. *Londres*, 1749. *in* 8. *broché.*

792 Satyres du Prince Cantemir, trad. du Ruſſe. *Londres*, 1750. *in* 12.

793 Le Théatre Danois, trad. de Holberg, par Furſman. *Copenhague*, 1746. *in* 8.

794 La Luſiade du Camoens, Poëme trad. du Portugais, par M. du Perron de Caſtera. *Par.* 1735. 3 *vol. in* 12.

Mythologie & Fables.

795 Natalis Comitis Mythologiæ, ſive Explicationis Fabularum Libri decem. Ejuſdem, Libri IV. de Venatione. *Genevæ*, 1612. *in* 8.

796 Tableaux du Temple des Muſes, par Marolles. *Paris*, 1663. *in fol.*

797 Le Temple des Muſes, orné de 70 Tableaux deſſ. & gravés par B. Picart. *Amſt.* 1733. *in fo¹* *g. p. m. b.*

798 Explication historique des Fables, par Banier. *6* 16
Paris, 1715. 3 vol. in 12.

799 La Mythologie & les Fables expliquées par 13
l'Histoire, par le même. Paris, 1738. 2 vol. in 4.
v. f.

800 Recueil de Fables nouvelles, précédées d'un 2
Discours sur ce genre de Poësie, par M. d'Ar-
dene. Paris, 1747. in 12. v. f.

801 Dictionnaire de Mythologie, pour l'intelligen- 8 11
ce des Poëtes & de l'Histoire Fabuleuse, par
Declaustre. Paris, 1745. 3 vol. in 12.

802 Mythologie, ou Recueil des Fables Grecques, 1 19
Esopiques & Sybaritiques, mises en François
avec des notes par Pierre du Fresnoy. Orleans,
1750. in 12.

804 Les Amours de Psiché & de Cupidon, par M. 1 2
de la Fontaine. Paris, 1702. in 12.

805 Le Temple de Gnide. Paris, 1725. in 12. 16

Facéties , Contes & Nouvelles.

805 De l'usage des Romans, avec une Bibliothé- 4 1
que des Romans , par M. Lenglet du Frenoy.
Amst. 1734. 2 vol. in 12.

806 Voyage du Prince Fanferedin dans la Roman- 2
cie. Paris, 1735. in 12.

807 Oeuvres de François Rabelais, avec des Re- 11 16
marques. 1732. 6 tom. en 5 vol. in 12.

808 Le Moyen de Parvenir, par Beroalde de Ver- 5 3
ville. Chinon, 2 tom. en 1 vol. in 12.

809 Bigarrures du Seigneur des Accords. Rouen,
1628. in 12.

810 Le Docteur Gelaon, ou les Ridiculités ancien- 19
nes & modernes. Londres, 1737. in 12. broché.

811 Les Cent Nouvelles Nouvelles, avec les figu- 10
res détachées. Cologne, 1701. 2 vol. in 8.

H ij

812 Contes & Nouvelles de Bocace. *Colog.* 1702. 2 *vol. in* 8. *fig. v. f.*

813 L'Heptameron de Marg. de Valois. *Amfter.* 1698. 2 *vol. in* 12.

814 Contes & Nouvelles de Marg. de Valois. *Amf.* 1700. 2 *vol. in* 8. *fig.*

815 Hiftoires ou Contes du tems paffé, avec des Moralités, par M. Perrault. *La Haye*, 1742. *in* 12. *broch.*

816 Contes des Fées, avec des Moralités, par le même. *Paris*, 1724. *in* 12.

817 Semelion, Hiftoire véritable. 1725. *in* 12.

818 Le Belier, Conte, par M. le Comte Hamilton. *Paris*, 1730. *in* 12.

819 Les Mille & une Heure, Contes Péruviens. *Paris*, 1734. 2 *vol. in* 12. *broché.*

820 Hiftoire du Prince Titi. *Paris*, 1736. 3 *vol. in* 12. *broché.*

821 Feeries Nouvelles. *La Haye*, 1741. 2 *vol. in* 12. *broché.*

822 Acajou & Zirphile, Conte. 1744. *in* 12 *br.*

823 Le Petit Toutou, par de Bibiena. *Amft.* 1746. *in* 12.

824 Angola, Hiftoire Indienne. *Agra*, 1746. *in* 12.

825 Les Bijoux indifcrets. 2 *vol. in* 12. *fig. v. f.*

826 Tanzai & Neadarné, Hiftoire Japonnoife. *Pekin*, 2 *vol. in* 12.

827 Le Sopha, Conte Moral. *Caznah*, 1120. 2 *tom. en* 1 *vol. in* 12.

Romans Erotiques, de Chevalerie, Moraux, Hiftoriques & Allégoriques.

828 Les Amours Paftor. de Daphnis & de Chloé, avec les figures de M. le Duc d'Orleans. *Paris*, 1718. *in* 8. *m. r.*

829 Amours de Théagenes & Chariclée. *Paris*, 1743. *in* 8. *m. cit. d. f. t.*

830 L'Histoire & plaisante chronique du Petit Jean de Saintré, & de la jeune Dame des Belles Cousines, sans autre nom nommer, avec des notes histor. & crit. de M. Gueulette. *Paris*, 1724 *3 vol. in* 12.

831 L'Astrée, de Messire Honoré d'Urfé. *Paris*, 1647. *5 vol. in* 8.

832 Tarsis & Zelie. *La Haye*, 1720. *3 vol. in* 12.

833 Zayde, Histoire Espagnole, par Segrais. *Par.* 1719. *2 vol. in* 12.

834 La Princesse de Cleves, par Segrais & autres. *Paris*, 1714. *2 vol. in* 12.

835 Lettres à Madame la Marquise * * * sur le sujet de la Princesse de Cleves, par de Valincourt. *Paris*, 1678. *in* 12.

836 Diane de Castro, par M. Huet. *Paris*, 1728. *in* 12.

837 Histoire de Dom Quichotte, trad. de Cervantes par M. Filleau de Saint-Martin. *Par.* 1679. *4 vol. in* 12.

838 Histoire du Vaillant Chevalier Tiran le Blanc, trad. de l'Espagnol. *Londres*, *2 vol. in* 8.

839 Les Avantures de Telemaque, par François Salignac de la Motte Fenelon. *Amst.* 1734. *in* 4. *fig.*

840 La Telemacomanie, ou Critique du Roman de Telemaque, par Faydit. *Eleuterople*, 1700. *in* 12.

841 Avantures de Neoptoleme, fils d'Achille, par Chansierges. *Paris*, 1718. *in* 12.

842 Les Avantures ou Mémoires de la vie d'Henriette-Sylvie de Moliere, par Madame de Villedieu. *Bruxelles*, 1707. *in* 12.

3   *5* 843 Promenades d'Antoine Coutel. *Blois , in 8.*
         fans année.

1   *10* 844 Mémoires de Madame la Comteffe de . . . . .
         avant fa retraite , fervant de Réponfe aux Mé-
         moires de M. de Saint-Evremont. *Amfl.* 1698.
         in 8. broché.

2   *17.* 845 Les Nouvelles Françoifes, ou les Divertiffe-
         mens de la Princeffe Aurélie, par Jean Renaud
         de Segrais. *Paris ,* 1722. 2 *vol. in* 12.

1   *2.* 846 La Comteffe de Vergi , Nouvelle hiftorique.
         Paris , 1722. *in* 12.

1   847 Edele de Ponthieu , Nouvelle hiftorique. *Par.*
         1723. *in* 12.

2   *10* 848 La Princeffe de Montpenfier. *Amfter.* 1723.
         in 12.

1   849 La Carte de la Cour, par Gueret. *Par.* 1663.
         in 12.

4   *2.* 850 Mémoires hiftoriques & fecrets , concernant
         les Amours des Rois de France. *Paris, (Holl.)*
         1739. *in* 12. *v. f.*

3   *1* 851 Amours des Dames illuftres de notre fiécle.
         Col. 1700. *in* 12.

6   *18* 852 Les Amours de Tibulle , par M. de la Cha-
         pelle. *Paris ,* 1712. *3 vol. in* 12.

1   *5.* 852 * Hiftoire de Don Juan de Portugal. *Paris ,*
         1724. *in* 12.

4   *4.* 853 Mahmoud le Gafnevide, Hift. Orientale , par
         Melon. *Rotter.* 1730. . . . Elemens de Géogra-
         phie , 1740. Difcours aux Grands de Pologne.
         Amfl. 1726. *in* 8.

8   *5* 854 Hiftoire de Gilblas de Santillane , par M. le
         Sage. *Paris ,* 1732. *4 vol. in* 12.

4   *17.* 855 Hiftoire de D. Ranucio d'Alétés , 2 *tom. en*
         1 *vol. in* 12. *fig.*

2   *19* 856 Mémoires de Madame de Barneveldt , par

l'Abbé Desfontaines. *Paris*, 1732, *2 tom. en 1 vol. in 12.*

857 Amusemens des Eaux de Spa. *Amsterd.* 1734. *2 vol. in 12. fig.*   1 13

858 La Saxe Galante. *Amsterdam*, 1734. *in 8.*   3 3

859 Les faveurs & disgraces de l'Amour, ou les Amans heureux. *La Haye*, 1743. *3 vol. in 12. broch. fig.*   4 11

860 Anecdotes Galantes & Tragiques de la Cour de Neron. *Paris*, 1735. *in 12. broché.*   1 7

861 Le Paysan parvenu, par M. de Marivaux. *Paris*, 1733. *in 12. 5 part. broch.*   2 7

862 La Vie de Marianne, par M. de Marivaux. 1735. *11 part. in 12. broch.*   5 4

863 La Conformité des destinées & Axiamire, ou la Princesse infortunée, Nouvelles Historiques. *Paris*, 1736. *in 12. broch.*

864 Mémoires de Mademoiselle de Mainville, ou le feint Chevalier, par M. le Marquis d'Argens. *La Haye*, 1736. *in 12. broch.*   2 1

865 Histoire de Lideric, premier Comte de Flandres. *Paris*, 1737. *2 vol. in 12. broch.*

866 Le Siége de Calais, Nouvelle Historique. *La Haye*, 1739. *2 tom. en 1 vol. in 12.*   2 10

867 Mémoires Anecdotes, pour servir à l'Histoire de M. Duliz. *Londres*, 1739. *in 8. broch.*   1 7

868 Les Malheurs de l'Amour. *Amst.* 1747. *2 vol. in 12.*   4

869 Mémoires d'un Homme de Qualité, par M. Prevost. *Amst.* 1731. *7 tom. en 5 vol. in 16.*   2 5

870 Les Avantures du Chevalier Desgrieux & de Manon Lescaut, par le même. *Amst.* 1733. *in 12.*   2 11

871 Le Philosophe Anglois, ou Histoire de Cleveland, trad. de l'Anglois, par le même. *Utrecht,* 1734. *broch. in 12. fig.*   9

872 Mémoires d'un Honnête Homme, par le même. *Amst.* 1745. *in* 12.

873 Lettres Angloises, ou Histoire de Miss Clarisse Harlove, par le même. *Londres*, 1751. 12 tom. en 6 vol. *in* 12.

874 Egaremens du Cœur & de l'Esprit. *Paris*, 1739. *3 part. en 1 vol. in* 12. *v. f.*

875 Histoire de Mad. Deluz, par M. Duclos. *La Haye*, 1741. *in* 12.

876 Les Confessions du Comte de * * *, par le même. *Amst.* 1741. *in* 12.

877 Les Amazones révoltées, Roman moderne. *Rotter.* 1738. *in* 12.

878 Mémoires du Marquis d'Argens, avec quelques Lettres sur divers sujets. *Londres*, 1735. *in* 12.

879 Zadig, ou la destinée, par M. de Voltaire, 1748. *in* 12.

880 Le Moyen d'être heureux, ou le Temple de Cythere, avec les avantures de Chansi & de Ranné. *Amst.* 1751. *2 tom. en 1 vol. in* 12.

881 Le nouveau Telemaque, ou Voyages & Avantures du Comte de.... & de son Fils. *La Haye*, 1741. *3 vol. in* 12. *broché.*

882 La Valise trouvée, 1740. *2 vol. in* 12. *broch.*

883 Zensoli & Bettina, ou le Triomphe de la Nature. *La Haye*, 1746. *in* 12. *broché.*

884 Histoire de Gogo. *2 vol. in* 12. *broché.*

885 Pamela, ou la Vertu récompensée, trad. de l'Angl. *Londres*, 1742. *4 tom. en 2 vol. in* 12.

886 Anti-Pamela, ou Mémoires de M. D.... trad. de l'Anglois. *Londres*, 1742. *in* 8. *broch.*

887 Le véritable Ami, ou la Vie de David, simple, trad. de l'Anglois. *Amst.* 1749. *2 tom. en 1 vol. in* 12.

888 Histoire de Tom Jones, ou l'Enfant trouvé, trad.

trad. de l'Angl. par M. de la Place. *Lond.* 1750.
4 *vol. in* 12.

888 Mémoires de Cecile, par M. de la Place. *Par.* 5 1
1751. 4 *tom. en* 2 *vol. in* 12.

890 La Laideur aimable, & les dangers de la Beau- 2, 2.
té. *Londres*, 1752. 2 *part. en* 1 *vol. in* 12.

891 Le Triomphe de l'Amitié, trad. du Grec par 3 8
Mademoiselle de * *. *Londres*, 1751. *in* 12. *v. f.*

892 Histoire des Passions, ou Avantures du Che- 4 1
valier Shroop, trad. de l'Ang. par M. Toussaint.
La Haye, 1751. 2 *vol. in* 12.

893 La Force de l'Education. *Lond.* 1750. 2 *tom.* 2 2
en 1 *vol. in* 12.

894 Mémoires de Ravanne. *Londres*, 1751. 3 *vol.* 3
in 12. *broch.*

895 Anecdotes de la Cour de Bonhommie. *Lond.* 2 10.
1752. *in* 12.

PHILOLOGUES.

Critiques Anciens & Modernes.

896 Auli Gellii Noctes Atticæ. *Amst. Elz.* 1651. 5 17
in 12.

897 M. Antonii Mureti variæ Lectiones. *Venetiis*, 1
1559. *in* 4.

898 Joan. Saresberiensis Policraticus, sive de Nu- 2. 4.
gis Curialium & Vestigiis Philosophorum Libri
octo. *Lugd. Bat.* 1639. *in* 8.

899 Gasparis Scioppii Franci Verisimilium Libri 3 2
quatuor. *Amst.* 1662. *in* 12.

900 De la maniere d'enseigner & d'étudier les 8 1
Belles-Lettres, par M. Rollin. *Paris*, 1730. 4
vol. in 12.

901 Essais de Critique sur les Ecrits de M. Rol-
lin, sur les Traductions d'Hérodote, & sur le

Dictionnaire Géographique de Bruzen de la Martiniere, par l'Abbé Belanger. *Amster.* 1740. *in* 12.

12. 4. 902 Supplém. aux Essais de Critique sur les Ecrits de M. Rollin. *Amst.* 1741... Révision de l'Histoire du Ciel par M. Pluche. *Paris,* 1740..... Decret de l'Inquisition contre la Bibliothéque Janseniste... Lettre sur le Testament Politique de Richelieu, par M. de Foncemagne. 1750. *in* 12.

2   1 903 Les Beaux Arts réduits à un même principe, par M. l'Abbé le Batteux. *Paris,* 1746. *in* 12.

7.   4. 904 Cours de Belles-Lettres, distribué par Exercices. *Paris,* 1747. 4 *vol. in* 12.

1   10 905 Essai sur l'Etude des Belles-Lettres. *Paris,* 1747. *in* 12. *v. f.*

2   1 906 Maniere de bien penser dans les Ouvrages d'esprit, par le P. Bouhours. *Paris,* 1691. *in* 12.

1   1 907 Sentimens de Clearque sur les Dialogues d'Eudoxe & de Philanthe. *Paris,* 1689. *in* 12.

1   19 908 Réfléxions sur la Critique, par M. de la Motte. *Paris,* 1716. *in* 8.

1   11 909 Essai Historique & Philosophique sur le Goût, par Cartaud de la Vilate. *Paris,* 1736. *in* 12.

2   10 910 Essai sur le Beau, par le P. André. *Par.* 1741. *in* 12.

13 911 Discours sur les Anciens. *Paris,* 1687. *in* 12.

8   912 Parallele des Anciens & des Modernes, en ce qui regarde les Arts & les Sciences, par M. Perrault. *Paris,* 1690. 4 *vol. in* 12.

3   12 913 Les Recherches des Recherches, & autres Oeuvres d'Estienne Pasquier. *Paris,* 1612. 2 *vol. in* 12.

1   9 914 Factum pour Ant. Furetiere, contre l'Académie Françoise.... Le Grand Dictionnaire de l'Académie Françoise. *Francfort,* 1687. *in* 4.

915 Relation de ce qui s'eſt paſſé dans une Aſſem- 1   12
blée tenue au bas du Parnaſſe pour la Réforme
des Belles-Lettres. *La Haye*, 1739. *in* 12. *br.*

916 Le Mérite vengé, par M. le Chev. de Mouhy. 3   12
1737. *in* 12.

917 L'Eleve de Terpſicore, ou le Nourriſſon de 1   ·
la Satyre, par M. Boiſſy. *Amſt.* 1718. *in* 12.

918 Le Parnaſſe Réformé, par Gueret. *Par.* 1669. 1   1
in 12.

919 Le Voyage du Parnaſſe. *Rott.* 1716. *in* 12.   19

920 Le Spectateur François, par M. de Marivaux. 5   19
Paris, 1728. 2 *vol. in* 12.

921 Le Spectateur François. *Paris*, 1722. *in* 12.   10

922 La Spectatrice, trad. de l'Angl. par M. Tro- 2   2
chereau. *Paris*, 1751. 2 *tom. en* 1 *vol. in* 12.

923 La Bagatelle, ou Diſcours Ironiques, par Van 4   10
Effen. *Amſt.* 1722. 3 *tom. en* 1 *vol. in* 8. *v. f.*

924 Portraits ſérieux, galants & critiques. *Paris*,
1696. *in* 12.
925 Le Chef-d'œuvre d'un inconnu, par Themi- 5   10
ſeuil de Saint-Hyacinthe. *La Haye*, 1732. 2 *vol.*
in 12.

Satyres & Apologies.

926 Petronii Arbitri Satyricon, cum notis Doc-
torum Virorum. *Lutetiæ*, 1587. *in* 16.
                                          3   16
927 Titi Petronii Satyricon, cum Commentariis
& notis variorum. *Amſt.* 1669. *in* 8.

928 Satyre de Petrone, trad. par M. de Boiſpréaux. 2   1
La Haye, 1742. 2 *tom. en* 1 *vol. in* 12.

929 Poëme de Petrone ſur la Guerre civile de 3   12
Céſar & de Pompée, avec deux Epîtres d'Ovi-
de & le *Pervigilium Veneris. Amſt.* 1737. *in* 4.

930 Joannis Barclaii Satyricon, cum Clavi. *Lugd.* 2
Bat. Elz. 1637. *in* 12.

931 Deſid. Eraſmi Stultitiæ Laus, cum Commen- 7   5

tariis Ger. Liſtrii & Figuris Joan. Holbenii. *Baſileæ*, 1676. *in 8.*

932 L'Eloge de la Folie, trad. d'Eraſme par Gueudeville. *Leyde*, 1715. *in 12. fig.*

933 Apologie pour Hérodote, ou Traité de la Conformité des Merveilles anciennes avec les modernes, par Henri Eſtienne, avec des Remarques de M. le Duchat. *La Haye*, 1735. *3 vol. in* 12.

934 Apologie pour les Grands Hommes ſoupçonnés de Magie, par G. Naudé. *Amſt.* 1712. *in* 12.

935 Apologie des anciens Hiſtoriens & des Troubadours, ou Poëtes Provençaux. *Avign.* 1714. *in* 12. *br.*

936 Satyres ſur les Femmes Bourgeoiſes qui ſe font appeller Madame. *Paris*, 1712. *in 8. fig.*

937 Politique du Médecin de Machiavel. *Amſt...* Eſſais ſur l'Eſprit & les beaux Eſprits. *Amſt...* Le Génie Ombre. 1746.... L'Europe pacifiée par l'équité de la Reine de Hongrie, par Albert Van-Heuſſen. *Brux.* 1745... Nouveaux Amuſemens Poëtiques. *Lond.* 1744. *in* 12.

938 Areſta Amorum L I I. cum Bened. Curtii Commentariis. *Pariſ.* 1655. *in* 16.

939 Les Azolains de Bembo, de la Nature d'Amour, trad. en Franç. par Jean Martin. *Paris*, 1545. *in 8.*

940 Les Moines empruntés. 1698. *2 tom. en* 1 *vol. in* 12.

941 Le Conte du Tonneau, par Jonathan Swift. *La Haye*, 1732. *2 vol. in* 12. *v. m. d. ſ. t. fig.*

942 Les Manteaux, par M. de C. *La Haye*, 1746.. La Payſanne parvenue. 1 *part.* .... La Patte du Chat, Conte Zinzimois. 1741 .... Philotanus, Poëme par Grecourt. 1721. *in* 12.

943 Mémoires pour ſervir à l'Hiſtoire de la Ca-

lotte. *Moropolis*, 1732. 3 *tom. en* 1 *vol. in* 12.
m. r. d. ſ. t.

944 Recueil de ces Meſſieurs. *Amſt.* 1745. *in* 12. 2 10
v. f.

945 Recueil de ces Dames. *Brux.* 1745... Lettres 3 6
d'un Pair de la Grande Bretagne à Milord Evê-
que de Cantorberi, ſur l'état préſent des affaires
de l'Europe. *Londres*, 1745. *in* 12.

Apophtegmes & Bons Mots.

946 Les Apophtegmes ou Bons Mots des Anciens, 2. 4.
tirés de Plutarque & de Diogene Laerce, trad.
par N. Perrot d'Ablancourt. *Amſt.* 1730. *in* 12.

947 Recueil de Bons Mots des Anciens & des Mo-
dernes. *Paris*, 1709. *in* 12.   2 10

948 Penſées ingénieuſes des Anciens & des Mo-
dernes, par le P. Bouhours. *Paris*, 1722. *in* 12.

949 Adagiorum D. Eraſmi Epitome. *Antuer.* 1574. 1 10
in 8.

950 La belle Vieilleſſe, ou les anciens Quatrains 3
de Dufaur, de Pibrac & de Mathieu. *Par.* 1747.
in 12.

951 Chevræana, ou Bons Mots de M. Chevreau. 3
Paris, 1697. 2 *vol. in* 12.

952 Scaligeriana, Thuana, Perroniana, Pithœana 7 10
& Colomeſiana, ou Remarques Critiques, Mo-
rales & Littéraires. *Amſt.* 1740. 2 *vol. in* 12.

953 Scaligeriana, ſive Excerpta ex ore Joſephi 1 2
Scaligeri. *Hagæ Comitum*, 1669. *in* 12.

954 Segræſiana, ou Mêlange d'Hiſtoire & de Lit- 2 8
térature, recüeilli des Entretiens de M. de Se-
grais, *Paris, in* 12.

955 Carpenteriana, ou Recueil des Penſées Hiſto- 2 8
riques, Critiques, Morales & de Bons Mots de
M. Charpentier. *Paris*, 1741. *in* 12.

7 10 956 Menagiana, ou les Bons Mots de M. Ménage.
Paris, 1715. 4 *vol. in* 12.

2 11.957 Huetiana, ou Pensées diverses de M. Huet,
recueillies & données par M. l'Abbé d'Olivet.
Paris, 1722. *in* 12.

4. 18 958 Ducatiana, ou Remarques de M. le Duchat
sur divers sujets de Littérature. *Amst.* 1738. 2
vol. in 8. *v. f.*

Emblêmes & Devises.

4. 11.959 Iconologie, ou la Science des Emblêmes, De-
vises, &c. *Amst.* 1698. 2 *vol. in* 12. *fig.*

960 Andr. Alciati Emblemata. *Paris.* 1618. *in* 8.

961 Chrif. Weigelii Ethica Naturalis, feu Docu-
menta Moralia è variis rerum naturalium pro-
13. 5 prietatibus virtutum, vitiorumque fymbolicis
imaginibus collecta. *in* 4. *m. r. fans année.*

1 8 962 Devises en l'honneur de S. François de Bor-
gia, fur fa vie & fes plus belles actions. *Avignon*,
1672 ... Difcours prononcés à l'Acad. Franç.
à la réception de M. Rofe. *Paris*, 1670. . . . .
Joannis Bonæ Manuductio ad Cœlum in verfus
Elegiacos traducta, per Petrum Bolla. *Romæ*,
1677 ... Satyra contra Tabacum... La Schiava
fortunata. *In Modena*, 1674. *in* 12.

Polygraphes Anciens & Modernes.

3 3 963 Lucien, trad. par Nic. Perrot d'Ablancourt.
Paris, 1654. 2 *vol. in* 4.

1 10 964 —— Le même. *Amst.* 1664. 2 *vol. in* 12.

5 11 965 Les Images ou Tableaux de plate Peinture des
deux Philoftrates, trad. du Grec par Vigenere.
Paris, 1630. *in fol.*

9 1 966 Les Céfars de l'Empereur Julien, trad. du

Grec par Spanheim. *Amſt.* 1728. *in* 4. *v. ſ. d.*
ſ. t. fig.

967 Gerardi-Joannis Voſſii Opera omnia. *Amſtelod.* 40
1695. 6 *vol. in fol.*

968 Les Oeuvres de Machiavel, trad. en Franç. 1 16
Paris, 1664. 2 *vol. in* 12.

969 Les Eſſais de Michel de Montagne. *Par.* 1652. 1 16
in fol.

970 —— Le même, avec les notes de P. Coſte. 14
Paris, 1725. 3 *vol. in* 4.

971 L'Eſprit de Montagne. *Berlin,* 1753. 2 *vol. in* 2 12
12. *broch.*

972 Recueil des Epîtres, Lettres & Préfaces de 1
M. de la Chambre. *Paris,* 1664. *in* 12. *m. r.*

973 Les Oeuvres de Balzac. *Paris,* 1665. 2 *vol.* 4. 2
in fol.

974 Apologie de Balzac, par lui-même. *Par.* 1663.
in 12. 1 16

975 Les Oeuvres de Voiture. *Paris,* 1665. *in* 12.

976 Défenſe des Oeuvres de Voiture, par Coſ-
tar. *Paris,* 1664. *in* 4. 1

976 * Replique de Girac à Coſtar, ſur la Dé-
fenſe de Voiture. *Leyden,* 1660. *in* 8.

977 Les Oeuvres de Scarron. *Paris,* 1696. 8 *vol.* 8 1
in 12.

978 Les Oeuvres de Sarazin. *Paris,* 1656. *in* 4. 1

979 —— Le même. *Paris,* 1658. *in* 12. 1 11

980 Les Oeuvres de Cyrano de Bergerac. *Amſt.* 3 14
1710. 2 *vol. in* 12.

981 Les Oeuvres de Matt. de Montreuil. *Paris,* 1
1680. *in* 12. *v. ſ.*

982 Oeuvres diverſes du P. René Rapin. *Amſt.* 2 12
1693. 2 *vol. in* 12.

983 Les Oeuvres Poſthumes de Boileau, Con- 10
trôleur de l'Argenterie du Roi. *Paris,* 1690.
in 12.

2 8 984 Les Oeuvres de Benserade. *Paris*, 1699. 2 vol. *in* 12.

18 19 985 Oeuvres de M. de S. Evremont, avec la Vie de l'Auteur, par M. des Maizeaux. *Amsterd.* 1726. 7 vol. *in* 12. *v. f.*

1 986 Recueil d'Ouvrages du même. *Paris*, 1701. *in* 12.

987 Oeuvres mêlées du même. *Paris*, 1701. *in* 12.

5 6 988 Oeuvres de M. l'Abbé de Saint Réal. *La Haye*, 1726. 4 vol. *in* 12.

6 1 989 Oeuvres du même. *Paris*, 1730. 5 vol. *in* 12.

1 17 990 Oeuvres mêlées de prose & de vers, par de Maucroy & de la Fontaine. *Amst.* 1688. 2 vol. *in* 12.

1 10 991 Recueil de Piéces Galantes en prose & en vers, de Madame la Comtesse de la Suze & de Pellisson. *Paris*, 1680. 4 vol. *in* 12.

6 5 992 Oeuvres diverses de Pellisson. *Paris*, 1735. 3 vol. *in* 12.

15 993 Recueil de divers Ouvrages en prose & en vers, par Perrault. *Paris*, 1736. *in* 12.

6 11 994 Oeuvres de M. de Sacy, de l'Acad. Françoise. *Paris*, 1722. *in* 4. *v. f.*

2 995 Differtations sur diverses Matieres de Religion & de Philologie, par l'Abbé de Tilladet. *Paris*, 1712. 2 vol. *in* 12.

66 2 996 Oeuvres diverses de Pierre Bayle. *La Haye*, 1727. 4 vol. *in fol.*

11 19 997 Joannis Harduini Opera varia. *Amst.* 1733. *in fol.*

15 1 998 Recueil de divers Ouvrages Philofophiques, Théologiques, Hiftoriques & Critiques, par le P. Daniel. *Paris*, 1724, 3 v. *in* 4.

2 8 999 Oeuvres diverses de M. de Fontenelle. *Amst.* 1701. 3 vol. *in* 12.

100 5 1000 Oeuvres diverses du même, avec des figur. grav.

grav. par B. Picart. *La Haye*, 1728. *3 vol. in
fol. g. p. d. f. t.*

1001 Oeuvres diverses du même. *Paris*, 1734. 3   10
vol. *in* 12.

1002 Oeuvres du même. *Paris*, 1742. 6 *vol. in* 12. 25   5.
m. r.

1003 L'Esprit de Fontenelle, ou Recueil de Pen-   2   8
sées tirées de ses Ouvrages. *La Haye*, 1744.
in 12.

1004 Oeuvres du Comte Antoine Hamilton. *Par.* 10   6
1749. 6 *vol. in* 12.

1005 Oeuvres mêlées de S. Jory. *Amst.* 1735.   3
2 *vol. in* 12.

1006 Oeuvres mêlées de l'Abbé Nadal. *Par.* 1738.   4   11.
3 *vol. in* 12.

1007 Oeuvres de M. l'Abbé de Pons. *Par.* 1738.   1   16
in 12.

1008 Oeuvres de Madame la Marquise de Lam-   2   7
bert, avec un abregé de sa vie. *Paris*, 1748. *in*
12. *v. f.*

1009 Oeuvres diverses de l'Abbé Gedoyn. *Paris,*   2
1745. *in* 12. *v. f.*

1010 Recueil de Piéces fugitives en prose & en   1   10
vers, par M. de Voltaire. 1740. *in* 8.

1011 Recueil de divers Ouvrages en prose &   8   1
en vers, par le P. Brumoy. *Paris*, 1741. 4 *vol.*
in 12.

1012 Oeuvres mêlées, tant en prose qu'en vers,   1   13
par M. de Moncrif. *Paris*, 1743. *in* 12.

1013 Oeuvres mêlées de M. Racine le Fils. *Par.*   4   19
1747. 4 *vol. in* 12. *v. f. d. f. t.*

1014 Oeuvres de M. Remond de S. Mard. *Amst.*   7   5
1749. 5 *vol. in* 12. *v. f.*

1015 Essais sur divers sujets de Littérature & de   1   6
Morale, par M. l'Abbé Trublet. *Paris*, 1737.
in 12.

1016 Essais sur divers sujets de Littérature & de   7.   7.

Morale, par l'Abbé Trublet. *Paris*, 1749. *2 vol.
in 8. d. f. t.*

1017 Oeuvres diverses de M. le Franc. *Paris*,
1750. *2 vol. in* 12. *fig.*

1018 Extraits des plus beaux endroits des Ouvra-
ges des plus célébres Auteurs , par Corbinelli.
Amsterd. 1681. *5 tomes en* 3 *vol. in* 12.

1019 Recueil de Piéces choisies , tant en prose
qu'en vers, rassemblées par M. de la Monnoye.
La Haye, 1714. *2 vol. in* 8.

1020 Recueil de Piéces de prose & de vers, pré-
sentées à l'Acad. Franç. *Paris*, 1671. *& années
suiv.* 7 *vol. in* 12.

1021 Recueil de divers Ecrits sur l'Amour & l'A-
mitié, la Politesse , la Volupté , les Sentimens
agréables , l'Esprit & le Coeur , par M. de S.
Hyacinte. *Paris*, 1736. *in* 12.

1022. Nouveaux Amusemens du coeur & de l'es-
prit. *La Haye*, 1737. *& suiv.* 15 *vol. in* 12.

1023 Les Divertissemens de Seaux. *Trev.* 1712.
in 12.

1024 Le Porte-feuille de M. L. D. F. * * *. *Lyon*,
1696. *in* 12.

1025 Recréations Littéraires, ou Recueil de Poë-
sies & de Lettres , avec l'Histoire de Zamet
Barcais. *Paris*, 1723. *in* 12.

1026 Caprices d'imagination, ou Lettres sur dif-
férens sujets d'Histoire, de Morale, &c. *Paris*,
1740. *in* 12. *broch.*

1027 Epitre de Clio sur les nouvelles opinions
répandues contre la Poësie. *Paris*, 1732.....*La
Chartreuse*, par M. Gresset. 1735...Le Carê-
me inpromptu , & le Lutrin vivant. . . . Les
Ombres, *Ibid.*...Lettre d'un Sot ignorant sur
le Catilina de M. de Crébillon. *Paris*, 1745...
La Logique, ou l'Art de raisonner. *Paris*, 1745.
in 12. *v. f.*

1028 L'Ecole des Francs-Maçons. *Jérusalem*, 5. 1748.... Recueil de Poësies Maçonnes. *Ibid.* 1748... Expofition abregée du plan du Roi, pour la réformation de la Juftice, par M. Formey. *Berlin*, 1748... Mémoires pour fervir à l'Hift. de Brandebourg. ... Les vrais Plaifirs, ou les Amours de Venus & d'Adonis. *Paphos*, 1748. *in 12.*

1029 Mélanges Philofophiques, par M. Formey. 1 17. *Leide*, 1754. 2 *vol. in* 12. *broch.*

1030 Mélange de différentes Piéces de vers & de 4. 4. profe, trad. de l'Anglois. *Berlin*, 1751. 2 *vol. in* 12.

1031 Mélanges de Littérature & de Philofophie, 6 19 trad. de l'Angl. de Pope, par M. de Silhouette. *La Haye*, 1742. 2 *vol. in* 12.

Dialogues.

1032 Defiderii Erafmi Colloquia, ad ufum ftu- 1 diofæ juventutis. *Parifiis*, 1691. *in* 12.

1033 Entretiens de M. de Balzac. *Leide*, 1659. 1 *in* 12.

1034 Les Entretiens de Voiture & de Coftar. *Paris*, 1655. *in* 4.

1035 Hexameron Ruftique, ou les fix journées paffées à la Campagne entre des Perfonnes ftu- 1 7. dieufes, par la Motte le Vayer. *Amfter.* 1671. *in* 12.

1036. Les Entretiens d'Arifte & d'Eugene. *Paris*, 1 13 1683. *in* 12.

1037 Sentimens de Cléante fur les Entret. d'A- 1 16 rifte & d'Eugene, par le Barbier d'Aucour. *Paris*, 1671. *in* 12.

1038 Nouveaux Dialogues des Dieux, ou Réflé- xions fur les Paffions. *Amft.* 1711. *in* 12.

1039 Dialogues des Morts anciens & modernes, par M. François de Salignac de la Motte Fenelon. *Paris*, 1721. 2 *vol. in* 12.

1040 Vérités Satiriques en Dialogues, par Villiers. *Paris*, 1725. *in* 12.

1041 Dialogue entre S. Pierre & Jules II. à la porte du Paradis.... La Doctrine Catholique, touchant l'autorité des Papes. (*Holl.*) 1727. *in* 12.

1042 Entretiens Littéraires & Galants, par M. du Perron de Castera. *Paris*, 1738. 2 *vol. in* 12.

1043 Entretien d'un Européen avec un Insulaire du Royaume de Dumocala. 1752.... Lettres Critiques sur les Lettres Philosophiques de M. de Voltaire. 1753.... Recueil de Poësies, par Mademoiselle de S. Phil. * *Amst.* 1751. *in* 12.

1044 L'Ombre du Grand Colbert, le Louvre & la Ville de Paris. 1752. *in* 12.

Epistolaires.

1045 Traité de la maniere d'écrire des Lettres, par de Grimaret. *Paris*, 1709. *in* 12.

1046 Le Secretaire de la Cour, par le même. *Par.* 1741. *in* 12.

1047 Traité général du Stile, avec un Traité particulier du Stile Epistolaire. *Amst.* 1750. *in* 12.

1048 Lettres de Ciceron à Atticus, en Latin & en François, par Saint-Real. *Paris*, 1691. 2 *vol. in* 12.

1049 Lettres de Ciceron à Atticus, trad. avec des notes par l'Abbé Mongault. *Paris*, 1738. 6 *vol. in* 12. *v. f.*

1050 Lettres familieres de Ciceron, trad. avec des notes par l'Abbé Prévost. *Paris*, 1745. 5 *vol. in* 12. *v. f.*

1051 C. Plinii Cæcilii Secundi Epiſtolæ & Pane-
gyricus. *Lugd. Bat. Elz.* 1653. *in* 12. *m. r. d. ſ. t.*   6   1.

1052 Sanctæ Hildegardis Epiſtolæ. *Colog.* 1566.
in 4. *v. f.*

1053 Petri Abælardi & Heloïſæ Epiſtolæ. *Londini,*
1718. *in* 8.   1   10

1054 Lettres d'Abeilard & d'Héloïſe en Latin &
en François, par Gervaiſe. *Paris,* 1728. 2 *vol.*
in 12.   2   1

1055 Recueil de Lettres galantes & amoureuſes
d'Héloïſe à Abeilard, d'une Religieuſe Portu-
gaiſe, de Cleante & de Beliſe. *Amſt.* 1704. . .
Voyage de Bachaumont & de Chapelle. *Francf.*
1697. . . . . Dom Japhet d'Armenie, par Paul
Scarron. *Paris,* 1695. *in* 12.   3   6

1056 Epiſtolæ Phil. Melanchonis, Thomæ Mori
& Ludovici Vivis. *Lond.* 1642. *in fol.*   3

1057 Epiſtolarum D. Eraſmi Roterodami Libri
xxxi. *Lond.* 1642. *in fol.*   4

1058 Tanaq. Fabri Epiſtolæ. *Salmurii,* 1674. &
1675. 2 *vol. in* 4.   1

1059. Lettres choiſies de Guy Patin. *La Haye,*
1715. 3 *vol. in* 12. *v. f.*

1060 Nouvelles Lettres de Guy Patin, tirées du
Cabinet de Charles Spon. *La Haye,* 1718. 2 *vol.*
in 12. *v. f.*   7   5

1061 Lettres d'Antoine Godeau. *Paris,* 1713. *in*
12.   10

1062 Lettres de Coſtar. *Paris,* 1658. *in* 4. *v. f.*   2

1063 Lettres du Chevalier Temple. *La Haye,*
1700. *in* 12.   1   14

1064 Lettres de Guill. Temple & autres Miniſtres
d'Etat, contenant une Relation depuis 1665.
juſqu'en 1672. *La Haye,* 1711. 3 *vol. in* 12.   4   19

1065 Lettres Hiſtoriques de Pelliſſon. *Paris,* 3 *vol.*
in 12.   5   4

1066 Lettres choisies de M. Fléchier. *Par.* 1715. 2 *vol. in* 12.

1067 Réponse de M. l'Abbé de Nogaret à une Lettre de Geneve. *Paris*, 1720. *in* 8.

1068 Lettres de Roger de Rabutin, Comte de Buſſy. *Paris*, 1720. 7 *vol. in* 12.

1069 Lettres de Roger de Rabutin, Comte de Buſſy, avec les Réponſes. *Amſt.* 1731. 6 *vol. in* 12.

1070 Supplément aux Mémoires & Lettres de Buſſy Rabutin, *in* 12.

1071 Lettres de Marie Rabutin Chantal, Marquiſe de Sévigné, à Madame la Comteſſe de Grignan. *Paris*, 2 *vol. in* 12.

1072 Lettres de Madame de Sévigné à Madame de Grignan ſa fille. *La Haye*, 1726. 2 *vol. in* 12.

1073 Recueil des Lettres de Madame de Sévigné. *Paris*, 1734. 6 *vol. in* 12. *d. ſ. t.*

1074 Lettres de Madame la Marquiſe de Sévigné. *Paris*, 1738. 6 *vol. in* 12. *v. f.*

1075 Recueil de Lettres choiſies, pour ſervir de ſuite aux Lettres de Madame de Sévigné. *Paris*, 1751. *in* 12.

1076 Lettres choiſies de M. de la Riviere. *Paris*, 1751. 2 *vol. in* 12.

1077 Lettres de Bourſault. *Paris*, 1722. *3 vol. in* 12.

1078 Lettres choiſies de Pierre Bayle. *Rott.* 1714. 3 *vol. in* 12.

1079 Nouvelles Lettres de Pierre Bayle. *La Haye*, 1739. 2 *vol. in* 12.

1080 Lettres Galantes & Philoſophiques. *La Haye*, 1721. *in* 12.

1081 Lettres Galantes & Poëſies de Madame la Marquiſe de P... *Paris*, 1724. 2 *vol. in* 12.

1082 Lettres écrites de la Campagne. *La Haye*, 1721. *in* 12.

1083 Lettres Hiſtoriques & Galantes, par Mada- 8
me Petit du Noyer, & ſes Mémoires. *Londres*,
1739. 6 *vol. in* 12.

1084 Lettres de M. de la Motte, ſuivies d'un Re- 10
cueil de vers. 1754. *in* 12. *br.*

1085 Lettres ſur les Anglois & ſur les François, 2 13
& ſur les Voyages. 1736. 2 *vol. in* 12.

1086 Lettres de Nedim Coggia, Secretaire de 2 19
Mehemet Effendi, & autres Lettres Turques.
Amſt. 1732. 2 *vol. in* 12.

1087 Lettres de M. B. ſur différens ſujets de Mo- 1 3
rale & de Piété. *Paris*, 1737. *in* 12.

1088 Lettres d'un François à un Catholique An- 11
glois. *Brux.* 1734. *in* 12.

1089. Lettres Philoſophiques, par Franç. Marie
Arouet de Voltaire. *Amſt.* 1734... Réponſe ou
Critique des Lettres Philoſophiq. *Baſle*, 1735.
in 12.

1090 Lettres de la Marquiſe de M. *** au Comte 1 4.
de R. *** 2 *vol. in* 12. *br.*

1091 Lettres d'un François. (M. l'Abbé le Blanc) 4. 1
La Haye, 1745. 3 *vol. in* 12.

1092 Lettres de Rouſſeau. *Geneve*, 1749. 5 *vol.* 8
in 12. *v. f.*

1093 Lettres ſur les Aveugles, à l'uſage de ceux 6 4.
qui voyent. *Londres*, 1749... Les Sonnettes,
ou Mémoires de M. le Marquis D.... *Utrecht*,
1749. *in* 12.

1094 Lettres Hiſtoriques & Philologiques du C. 1 5
d'Orreri, ſur la Vie & les Ouvrages de Swift.
Londres, 1753. *in* 12.

1095 Lettres de Madame la Marquiſe de P..... 2.
(M. l'Abbé Mably) ſur l'Opera. *Paris*, 1741...
Lettres Morales & Critiques ſur les états & les
occupations des Hommes, par M. le Marquis
d'Argens. *Amſt.* 1747. *in* 12.

1096 Lettres d'une Péruvienne , par Madame de Grafigny. *Peine*, *in* 12.

1097 Lettres de Ninon de l'Enclos au Marquis de Sévigné. *Amst.* 1752. 2 *vol. in* 12.

1098 Mémoires & Lettres pour servir à l'Histoire de la vie de Mademoiselle de l'Enclos. *Amster.* 1751. *in* 8.

1099 Lettres de Madame de Maintenon. *Nancy*, 1752. 2 *tom. en* 1 *vol. in* 12.

1100 Lettres sur l'Histoire , par Mylord Bolin-broke. *Paris*, 1752. 2 *vol. in* 12.

HISTOIRE.

Géographie & Voyages.

1101 CHrif. Cellarii Notitia Orbis, Antiqui, 12 5.
   five Geographia plenior. *Cantabrigiæ*,
   1706. 2 *vol. in* 4. *fig.*

1102 La Géographie Univerfelle abregée. *Lyon*, 11
   1691. *in* 12.

1103 Méthode pour apprendre la Géographie, par 3 12
   de la Croix. *Lyon*, 1705. 5 *vol. in* 12. *fig.*

1104 Géographie Moderne, par M. Nicole de la 3 13
   Croix. *Paris*, 1752. 2 *vol. in* 12.

1105 Effai de Géographie pour les Commençans, 7 8
   par le Pere Sanadon. *Paris*, 1744. *in* 8.

1106 Dictionnaire Géographique du Monde. *Par.* 12.
   1699. *in* 12.

1107 Dictionnaire Géographique & Hiftorique, 4. 4.
   par Michel Baudran. *Paris*, 1705. *in fol.*

1108 Le Grand Dictionnaire Géographique & Cri- 3 6
   tique, par Bruzen de la Martiniere. *La Haye*,
   1726. 6 *vol. in fol. g. p. Manquent les lettres* K. L.
   M. N. O. P. T. V. X. Y. Z.

1109 Dictionnaire Géographique portatif, par 2 13
   Vofgien. *Paris*, 1747. *in* 8.

1110 Le Petit Dictionnaire du Tems, pour l'intel- 1 4.
   ligence des Gazettes & des Nouvelles de la
   Guerre. *Paris*, 1746. *in* 12.

1111 Tablettes Géographiques. *Paris*, 1725. *in* 16. 12

1112 Atlas portatif, Univerfel & Militaire, par 16 17
   M. Robert. *Paris*, 1748. *in* 4. *m. c.*

1113 Recueil de Cartes Géographiques gravées 12.
   par Delifle, *gr. in fol.*

L

1114 Recueil des Voyages , par M. l'Abbé Prévoft. 5 vol. in 4.

1115 Caroli Ogerii Ephemerides , five Iter Danicum, Suecicum, Polonicum. *Parif.* 1656. *in* 8.

1116 Journal du Voyage de Siam, par l'Abbé de Choify. *Paris,* 1687. *in* 4.

1117 Relation d'un Voyage du Levant fait par ordre du Roi, par Pitton de Tournefort. *Paris,* 1717. 2 *vol. in* 4. *fig.*

1118 Voyages de Corneille le Brun en Perfe & aux Indes Orientales. *Amft.* 1718. 2 *vol. in fol. fig.*

1119 Voyages en Perfe & aux Indes Orientales, par Jean-Albert de Mandeflo, trad. par de Wicquefort. *Amft.* 1727. 2 *tom. en* 1 *vol. in fol. fig.*

1120 Voyages du Chevalier Chardin en Perfe & autres lieux de l'Orient. *Amft.* 1711. 10 *vol. in* 12. *fig. d. f. t.*

1121 Voyages en Mofcovie , Tartarie & Perfe , par Adam Olearius, traduits par de Wicquefort. *Amft.* 1727. 2 *tom. en* 1 *vol. in fol. fig. auec* 1119

1122 Voyage d'Italie de Maximilien Miffon. *La Haye,* 1731. 3 *vol. in* 12. *fig. v. f.*

1123 Journal d'un Voyage au Nord en 1736. & 1737, par M. Outhier. *Paris,* 1744. *in* 4 *fig.*

1124 Relation abregée d'un Voyage fait dans l'intérieur de l'Amérique, par M. de la Condamine. *Paris,* 1745. *in* 8. *fig.*

1125 Voyage autour du Monde, par George Anfon. *Amft.* 1749. *in* 4. *fig.*

1126 Voyages & Avantures de Jacques Maffé. *Bordeaux,* 1710. *in* 12.

1127 Le Nouveau Gulliver, ou Voyage de J. Gulliver, fils du Capitaine, par Guyot des Fontaines. *Paris,* 1730. 2 *tom. en* 1 *vol. in* 12.

Chronologie & Histoire Universelle.

1128 Tablettes Chronologiques pour l'Hist. Profane, par G. Marcel. *Paris*, 1703. *in* 12. *obl.* — 10

1129 Tablettes Chronologiques de l'Histoire Universelle, Sacrée & Prophane, Ecclésiastique & Civile, par M. Lenglet du Frenoy. *Paris*, 1744. 2 *vol. in* 8. — 4 5

1130 Tablettes Histor. Généal. & Chron. *Paris*, 1749. 5 *vol. in* 16. — 5 7

1131 Analyse Chronologique de l'Histoire Universelle, depuis le commencement du monde jusqu'à l'Empire de Charlemagne. *Paris*, 1753. *in* 12. — 1 11

1132 La Chronologie des anciens Royaumes, corrigée par Isaac Neuton. *Paris*, 1728. *in* 4. — 1 10

1133 Histoire Universelle de Diodore de Sicile, trad. par Terrasson. *Paris*, 1737. 8 *vol. in* 12. — 10 5

1134 Principes de l'Histoire, par de Juvenel. *Par.* 1733. *in* 12. — 1 10

1135 Introduction à l'Histoire Générale & Politique de l'Univers, par Samuel Puffendorf. *Amst.* 1738. 9 *vol. in* 12. — 9 5

1136 Histoire du Monde, par Chevreau. *Paris*, 1717. 8 *vol. in* 12. — 8 10

1137 Discours sur l'Histoire Universelle, par M. Bossuet. *Paris*, 1681. *in* 4. — 12 1

1138 Histoire Chronologique du dernier siécle. *Paris*, 1724. *in* 12.

1139 Mémoires pour servir à l'Histoire Universelle de l'Europe, depuis 1600. jusqu'en 1716. *Paris*, 1725. 4 *vol. in* 12. — 5 8

1140 L'Espion dans les Cours des Princes Chrétiens. *Col.* 1739. 7 *vol. in* 12. — 14

Histoire Sainte Ancienne.

18 19 1141 Histoire des Juifs, sous le titre d'Antiquités Judaïques, trad. par M. Arn. d'Andilly. *Bruxel.* 1701. 5 vol. in 8. *fig.*

6 2 1142 Histoire du Monde Sacrée & Profane, pour servir d'introduction à l'Histoire des Juifs, par Samuel Shuckford, trad. de l'Anglois par J. P. Bernard. *Leyde*, 1738. 2 vol. in 12.

22 19 1143 Histoire des Juifs & des Peuples voisins, par Prideaux. *Amst.* 1728. 6 vol. in 12. *fig. d. s. t.*

60 1144 Histoire du Peuple de Dieu, depuis son origine jusqu'à la Naissance du Messie, avec le Supplément, par le P. Berruyer. *Paris*, 1728. 8 vol. in 4.

15 1 1145 Histoire du Peuple de Dieu, depuis la Naissance du Messie jusqu'à la fin de la Synagogue, par le P. Berruyer. *La Haye*, 1753. 8 vol. in 12. *broché.*

Histoire Ecclésiastique, des Conciles, des Papes & des Cardinaux.

1 9 1146 Sulpitii Severi Opera. *Amst. Elz.* 1656. in 12.

1 5 1147 Mœurs des Israëlites & des Chrétiens, par M. de Fleury. *Paris*, 1727. in 12.

4 19 1148 Abregé de l'Histoire Ecclésiastique. *Utrecht*, 1748. 2 vol. in 12.

2 1149 Lettres à M. François Morenas sur son prétendu Abregé de l'Histoire Ecclésiastique. *Liege*, 1753. in 8. *broché.*

1 11 1150 Justification des Discours & de l'Histoire Ecclésiastique de M. l'Abbé Fleury. *Nancy*, 1736. in 12.

1151 Mich. le Quien Oriens Christianus. *Parif.* 40 1
1740. *3 vol. in fol. g. p.*

1152 Tablettes Chronologiques Ecclésiastiques, 10
par G. Marcel. *Paris*, 1682. *in 12.*

1153 Histoire du Concile de Pise, par Jacques
Lenfant. *Amst.* 1724. *2 tom. en 1 vol. in 4. fig.*

1154 Histoire de la Guerre des Hussites, & du
Concile de Basle, par J. Lenfant. *Amst.* 1731. 77 10
in 4.

1155 Histoire du Concile de Constance, par le
même. *Amst.* 1727. *2 vol. in 4.*

1156 Concilii Tridentini Canones & Decreta. *Par.*
1674. *in 12.*

1157 Histoire du Concile de Trente de Fra Paolo 4
Sarpi, par Amelot de la Houssaye. *Amst.* 1704.
in 4.

1158 Histoire du Concile de Trente, trad. de l'I- 22 1
talien de Fra Paolo Sarpi, par Pierre-François
le Courayer. *Amst.* 1736. *2 vol. in 4.*

1159 Instructions, Lettres & autres Actes con-
cernant le Concile de Trente, tirez des Mé-
moires de M. Dupuis. *Paris*, 1654. *in 4.*

1160 Lettres & Mémoires de François de Vargas 3
touchant le Concile de Trente. *Amsterd.* 1699.
in 8. m. r.

1161 Notes sur le Concile de Trente. *Cologne*,
1706. *in 8.*

1162 Lettres Anecdotes & Mémoires historiques 1 12
du Nonce Visconti, par M. Aymon. *Amst.* 1719.
2 tom. en 1 vol. in 12. v. f.

1163. Histoire de la Papesse Jeanne, par Spanheim. 2 14
Cologne, 1695. *in 12.*

1164 Vie du Pape Alexandre VI. & de son fils 5
César Borgia, par Alexandre Gordon. *Amst.*
732. *2 vol. in 12.*

5   1165 Histoire du Cardinal Ximenès , per Esprit
      Fléchier. *Paris*, 1693. *in* 4.

3   1166 —— La même. *Paris*, 1704. 2 *vol. in* 12.

3   1167 —— La même, trad. par Marsolier. *Paris*,
      1704. 2 *vol. in* 12.

3   1168 Vie du Cardinal Jean-François Commen-
      don , traduite par Esprit Fléchier. *Paris*, 1671.
      in 12.

2 11 1169 Tableau de la Cour de Rome. *La Haye* ,
      1707. *in* 12.

3 12 1170 Taxe de la Chancellerie Romaine. *Rome* ,
      1744. *in* 12.

8   1171 L'Avocat du Diable. 1743. 3 *vol. in* 12.

Vie des Saints , & Histoire des Ordres Religieux.

30 1 1172 Les Vies des Saints , par Adrien Baillet.
      Paris, 1701. 4 *vol. in fol.*

2   1173 L'Invocation & l'Imitation des Saints. *Par.*
      1687. 2 *vol. in* 16. *fig.*

2 11 1174 La Vie de Dom Barthelemy des Martyrs ,
      par le Maître de Sacy. *Paris*, 1663. *in* 4.

3 6 1175 La Vie de S. François Xavier , par le Pere
      Boühours. *Paris*, 1682. *in* 4.

3 12 1176 La Vie de S. Ignace , par le Pere Bouhours.
      Paris, 1679. *in* 4.

3 6 1177 Histoire de Pierre d'Aubuffon , Gr. Maître
      de Rhodes. *Paris*, 1676. *in* 4.

2 2 1178 Jugement critique, mais équitable, des Vies
      de M. l'Abbé de Rance , écrites par Marsollier
      & Maupeou. *Londres*, 1742. *in* 12.

1   1179 Eloges Historiques des Empereurs, des Rois,
      des Princes , &c. qui dans tous les siécles ont
      excellé en piété , par Antoine Godeau. *Paris* ,
      1667. *in* 4.

1180 La Vie de Marguerite Marie Alacoque, Religieuse de la Visitation, par Jean-Joseph Languet. *Paris*, 1729. *in* 4.   8   11

1181 Vie abregée de la Bienheureuse Mere de Chantal, par l'Abbé Marsolier. *Raris*, 1752. *in* 12. broch.   10

1182 Histoire générale de l'Ordre de Cîteaux en France, par Dom Gervaise. *Avignon*, 1746. *in* 4.   2   9

1183 La Regle de S. Benoît. *Paris*, 1703. 2 *vol. in* 12.   1   15

1184 Hist. de la Congreg. des Filles de l'Enfance. *Amst.* 1734. 3 *vol. in* 12.   8   19

1185 Réponse au Mémoire de Guillaume de Juliard, contre l'Histoire de la Congregation des Filles de l'Enfance. *Amst.* 1737. *in* 12.   2   19

1186 L'Alcoran des Cordeliers, Latin & François, nouvelle édition ornée de figures par Picart. *Amsterd.* 1734. 2 *vol. in* 12.   15   1

1187 Les Statuts de l'Ordre du S. Esprit. *Paris, Imp. Royale*, 1703. *in* 4. *v. f. d. f. t.*   3   4

Histoire des Hérésies.

1188 Cérémonies & Coutumes Religieuses de tous les Peuples du monde, représentées par des figures gravées par Bernard Picart. *Amst.* 1723. 7 *vol. in fol. g. p. m. r.*   39   6

1189 Histoire des Anabatistes. *Paris*, 1615. *in* 12. figur.   2

1190 Hist. du Nestorianisme, par Louis Doucin. *Paris*, 1698. *in* 4.

1191 Jac. Boileau Historia Flagellantium, de recto & perverso usu Flagellorum apud Christianos. *Parif.* 1700. *in* 12.   4   3

1192 Histoire des Flagellans, où l'on fait voir le

bon & le mauvais ufage des Flagellations parmi
les Chrétiens , trad. du Latin de l'Abbé Boi-
leau. *Amft.* 1701. *in* 12.

6. 1193 Mémoires pour fervir à l'Hift. de la Fête
des Foux, par M. de Tilliot. *Lauzanne*, 1751.
fig. .... Lettres fur les Sourds & les Muets, à
l'ufage de ceux qui entendent & de ceux qui
voyent. 1751. *in* 12.

HISTOIRE PROFANE ANCIENNE.

Hiftoire Grecque & Romaine.

3   10 1194 Hiftoire ancienne des Egyptiens , par M.
Rollin. *Paris*, 1730. 3 *vol. in* 12.

12   18 1195 Paufanias, ou Voyage Hiftorique de la Gre-
ce, trad. en Franç. avec des Remarq. par Ge-
doyn. *Paris*, 1731. 2 *vol. in* 4.

1196 La Cyropédie , ou l'Hiftoire de Cyrus , trad.
de Xenophon par Charpentier. *Paris* , 1661.
in 12.

1197 Hiftoire de Cyrus le jeune, & de la Retraite
1   10 des dix mille , par l'Abbé Pagi. *Paris*, 1736. *in*
12. *broch.*

1198 Suite de la nouvelle Cyropédie, ou Réfléxions de Cyrus fur fes voyages. *Amfterd.* 1728.
in 8. *broch.*

4. 1199 L'Hiftoire de Thucidide de la Guerre du Pe-
loponefe, trad. par Perrot d'Ablancourt. *Paris* ,
1714. 3 *vol. in* 12.

2 1200 Obfervations fur les Grecs , par M. l'Abbé
Mably. *Geneve* , 1749. *in* 12. *v. f.*

4 1 1201 Quinte-Curce de la Vie d'Alexan. le Grand,
trad. en Fr. par Vaugelas. *Paris* , (*Holl.*) 1699.
2 *vol. in* 12.

1 . 18 1202 Q. Curtius Rufus. *Amft. Elʒ.* 1670. *in* 12.
1203

1203 Hist. de Philippe Roi de Macédoine , par 10
M. l'Abbé Seran de la Tour. *Paris* , 1740. *in*
12.

1204 —— La même, par M. Olivier. *Par.* 1740. 6 . 17.
2 *vol. in* 12. *m. r.*

1205 Titi Livii Historiæ , edente J. B. L. Cre-
vier. *Paris,* 1735. *in* 4. *tom.* I. 4 1

1206 Histoire Romaine de Tite-Live , trad. en
Fran. par Brunet. *Paris,* 1742. 3 *vol. in* 12.

1207 Eutropii Historia Romana. *Salmurii,* 1672.
in 16.

1208 L. A. Florus, ex recensione Blanckardi &
notis variorum. *Lug. Bat.* 1648. *in* 8. 1 . 1.

1209 Epitome de l'Histoire Romaine , trad. de
Florus par la Mothe le Vayer , sous le nom de
Monsieur Frere unique du Roy. *Par.* 1670. *in* 12.

1210 Histoire Romaine , depuis la fondation de 2 6
Rome jusqu'à la Translation de l'Empire par
Constantin , traduite de Laurent Echard par
Guyot Desfontaines. *Paris* , 1729. & *suiv.* 12
vol. in 12.

1211 Histoire de Polybe , trad. du Grec par Dom 55. 4.
Vincent Thuillier , avec un Commentaire & des
Notes par le Chevalier Folard. *Paris* , 1727.
6 *vol. in* 4.

1212 Nouvelles découvertes sur la Guerre, dans 2
une dissertation sur Polybe, par le Chevalier
Folard. *Brux.* 1724. *in* 12.

1213 C. Sallustius Crispus. *Amst.* 1627. *in* 24. 2 9
m. r. d. s. t.

1214 C. Crispus Sallustius, cum notis diversorum 3
accedunt Jul. Exsuperantius , Porcius Latro &
fragmenta Histor. veterum cum notis A. Pop-
mæ. *Cantab.* 1710. *in* 4.

1215 C. Velleius Paterculus cum variorum notis. 2
Lug. Bat. 1668. *in* 8.

10 1216 L'Hiſtoire de la Guerre des Romains con-
tre Jugurtha, & l'Hiſtoire de la conjuration de
Catilina, trad. de Salluſte par le Maçon. *Paris*,
1675. *in* 12.

10 1217 Hiſtoire de la Conjuration de Catilina. *Par.*
1752. *in* 12.

19 1218 C. Julii Cæſaris Commentaria. *Lugd. Bat.*
Elz. 1635. *in* 12. *m. r. d. ſ. t.*

4 1219 C. Julius Cæſar, ex recenſ. & cum notis Jo.
Daviſii, nec non diverſorum Commentariis.
Accedit Lib. VII. de Bello Gallico Metaphraſis
Gallica. *Cantab.* 1706. *in* 4.

1 1220 Les Commentaires de Ceſar, trad. en Fran.
par Perrot d'Ablancourt. *Limoges*, 1698. 2 *vol.*
in 12.

1221 C. Corn. Tacitus, cum notis Hug. Grotii.
Lugd. Bat. Elz. 1640. 2 *vol. in* 12. *m. r. à com-*
partimens, d. ſ. t.

1222 Les Oeuvres de Tacite, trad. par Nicolas
Perrot d'Ablancourt. *Paris*, 1658. *in* 4.

19 1223 Tacite, avec des Notes Politiques & Hiſt.
par Amelot de la Houſſaye. *Amſt.* 1732. &
ſuiv. 8 *vol. in* 12.

2 1224 Hiſtoire d'Hérodien, trad. du Grec par
l'Abbé Mongault. *Paris*, 1745. *in* 12. *v. f.*

10 1225 Hiſtoire des Empereurs, par Seb. le Nain
de Tillemont. *Paris*, 1720. 6 *vol. in* 4.

13 1226 Vie de l'Empereur Julien, par l'Abbé de la
Bletrie. *Paris*, 1735. 2 *tom. en* 1 *vol. in* 12.

17 1227 Hiſtoire de l'Empereur Jovien, & Traduc-
tions de quelques Ouvrages de l'Empereur Ju-
lien, par M. l'Abbé de la Bletrie. *Paris*, 1748.
2 *vol. in* 12.

14 1228 Hiſtoire de Théodoſe le Grand, par Eſprit
Fléchier. *Paris*, 1682. *in* 12.

15 1229 Les Femmes des douze Ceſars, par M. de

Serviès. *Amsterd.* 1722. 2 *vol. in* 12.

1230 Histoire des Révolutions Romaines, par de 5. 4.
Vertot. *Paris,* 1720. 3 *vol. in* 12.

1231 Explication abregée des Coutumes & Céré- 2 12
monies des Romains , trad. de Nieupoort par
Guyot des Fontaines. *Paris,* 1741. *in* 12.

1232 Observations sur les Romains, par M. l'Abbé 3 14.
Mably. *Geneve,* 1751. 2 *vol. in* 12. *v. f.*

1233 Parallele des Romains & des François par 4.
rapport au Gouvernement. *Paris,* 1740. 2 *vol.*
in 12.

1234 Considérations sur les causes de la grandeur 3 15
des Romains & de leur décadence, par M. de
Montesquieu. *Amsterd.* 1734. *in* 8.

1234 * ——— Le même. *Paris,* 1748. *mar. citr. in* 6 t l
12.

Histoire d'Italie.

1235 Relation de la Cour de Rome faite en 1661. 1 16
par Angelo Corraro (Dutot de Ferrare.) *Leide ,*
1663. *in* 12.

1236 Conjuration de Nicolas Gabrini , dit de 2
Rienzi, Tiran de Rome , par le Pere du Cer-
ceau. *Paris,* 1733. *in* 12.

1237 Hist. des Rois de Sicile & de Naples des 2
Maisons d'Anjou. *Paris,* 1707. *in* 4.

1238 Histoire de Naples, trad. de Giannone. *La* 40
Haye, 1742. 4 *vol. in* 4.

1239 Histoire des Rois des deux Siciles de la 7 5
Maison de France , par d'Egly. *Paris,* 1741.
4 *vol. in* 12.

1240 Histoire de la Ligue faite à Cambray con- 5 2
tre la République de Venise, par l'Abbé Dubos.
Paris, 1738. 2 *vol. in* 12.

1241 Histoire des Révolutions de Genes, depuis 7.
son établissement jusqu'à la Paix de 1748. Par.
1750. 3 *vol. in* 12.   M ij

1242 Histoire du Mont Vésuve , trad. de l'Italien par Duperron de Castera. *Paris* , 1741. *in* 12.

Histoire de France.

1243 Idée Géographique & Histor. de la France en forme d'entretiens , pour l'instruction de la Jeunesse. 1747. 2 *vol. in* 12.

1244 Eclaircissemens Géographiques sur l'ancienne Gaule, par M. d'Anville. *Paris* , 1741. *in* 12.

1245 Histoire critique de l'établissement des Bretons dans les Gaules, par M. l'Abbé de Vertot. *Paris* , 1720. *in* 12.

1246 Histoire critique de l'établissement de la Monarchie Françoise dans les Gaules, par Dubos. *Paris* , 1734. 3 *vol. in* 4.

1247 Histoire des Celtes , & particulierement des Gaulois & des Germains, par Simon Pelloutier. *La Haye* , 1740. *in* 12.

1248 La Religion des Gaulois , par Dom Jacques Martin. *Paris* , 1727. 2 *vol. in* 4.

1249 Galliæ Antiquitates quædam solutæ. *Paris* , 1733. *in* 4.

1250 Les Antiquités de la Maison de France, & des Maisons Carlovingienne & Carlienne, par Gilbert-Charles le Gendre. *Paris* , 1739. *in* 4.

1251 Histoire de l'ancien Gouvernement de la France , par M. le C. de Boulainvilliers. *La Haye* , 1727. 4 *vol. in* 12.

1252 Les Recherches de la France , par Etienne Pasquier. *Paris* , 1633. *in fol.*

1253 Essais sur la Noblesse de France , par le Comte de Boulainvilliers. *Amsterd.* 1732. *in* 12.

1254 Lettres sur les anciens Parlemens de France ,

par M. de Boulainvilliers. *Londres*, 1753. 3 *vol.*
in 12. *broch.*

1255 Histoire de la Pairie de France & du Parle-
ment de Paris. *Londres*, 1740. *in* 12.

1256 Traité de la Majorité de nos Rois & des Ré-
gences du Royaume, par Dupuy. *Amst.* 1722.
2 *vol. in* 8.

1257 Histoire des Secrétaires d'Etat, par Fauve-
let du Toc. *Paris*, 1668. *in* 4.

1258 Mémoires Historiques & Critiques sur divers
points de l'Histoire de France, par François-
Eudes de Mezeray. *Amst.* 1732. 2 *tom. en* 1
vol. in 12. *mouillé*

1259 Inventaire de l'Histoire de France, par Jean
de Serres. *Rouen*, 1660. *in fol.*

1260 Abregé Chronolog. de l'Histoire de France,
par François-Eudes de Mezeray. *Paris*, 1668.
3 *vol. in* 4.

1261 Histoire de France, par Guillaume Marcel.
Par. 1686. 4 *vol. in* 8.

1262 Histoire de France, par le P. G. Daniel.
Paris, 1722. 7 *vol. in* 4. *fig.*

1263 Abregé de l'Histoire de France depuis le
commencement de la Monarchie, par Daniel.
Paris, 1724. 9 *vol. in* 12.

1264 Histoire de France composée par l'ordre de
M. de Harlay, par M. de Chalons. *Paris*, 1720.
3 *vol. in* 12.

1265 Abregé Chronolog. de l'Histoire de Fran-
ce, par M. le Président Hénault. *Paris*, 1744.
in 8.

1266 —— Le même, 2ᵉ Edit. ornée de Vignettes
& Fleurons de M. Cochin le fils. *Paris*, 1746.
in 8. *g. p. m. r.*

1267 Histoire de la Milice Françoise, par G. Da-
niel. *Paris*, 1721. 2 *vol. in* 4. *fig.*

1268 Les Batailles mémorables des François, depuis le commencement de la Monarchie jusqu'à préfent. *Amft.* 1695. 2. *vol. in* 12.

1269 Hiftoire du Regne de Charlemagne, par M. de la Bruere. *Paris,* 1745. 2 *tom. en un vol. in* 12.

1270 Hiftoire de Saint Louis, par Jean de Joinville, avec les Obfervations de Charles Dufrefne du Cange. *Paris,* 1668. *in fol.*

1271 Hiftoire de S. Louis, par M. de la Chaife. *Paris,* 1688. 2 *vol. in* 4. *v. f.*

1272 La Vie de S. Louis, par de Choify. *Paris,* 1689. *in* 4.

1273 Hiftoire du Démêlé de Boniface VIII. avec Philippe le Bel, par Adrien Baillet. *Paris,* 1718. *in* 12.

1274 Hiftoire de la condamnation des Templiers, par P. Dupuy. *Bruxelles,* 1713. 2 *vol. in* 8.

1275 Mémoires pour fervir à l'Hiftoire de France & de Bourgogne, contenant un Journal de Páris fous les Regnes de Charles VI. & Charles VII. *Paris,* 1729. *in* 4.

1276 Hiftoire de Louis XI. par M. Duclos. *Paris,* 1745. & 1746. 4 *vol. in* 12.

1277 Chronique & Hiftoire faite & compofée par Philippe de Commines. *Paris,* 1549. *in* 8.

1278 Mémoires de Philippe de Commines. *Paris,* 1552. *in fol.*

1279 Lettres du Roi Louis XII. & du Cardinal d'Amboife. *Brux.* 1712. 4 *vol. in* 12. *fig.*

1280 Difcours merveilleux de la vie, actions & déportemens de Catherine de Médicis. (*Holl.*) 1649. *in* 12.

1281 Journal des chofes mémorables advenues durant le Regne de Henry III. par l'Eftoile. *Col.* 1720. 2 *vol. in* 8. *fig.*

1282 Description de l'Isle des Hermaphrodites, 3. 2
pour servir de Supplément au Journal de Henry
III. *Col.* 1734. *in* 8.

1283 La Fatalité de Saint Cloud. 1672. *in* 12. 1 11

1284 Mémoires de Gaspard de Coligny, Seigneur 1 5
de Chastillon, Amiral de France. *Paris*, 1661.
in 12.

1285 Mémoires de Jacques de Saulx, Comte de 1 16
Tavannes. *Col.* 1691. *in* 12.

1286 Commentaires de Blaise de Montluc. *Paris*, 8
1746. 4 *vol. in* 12.

1287 Mémoires de Michel de Castelnau, par J. le 2 6
Laboureur. *Brux.* 1731. 3 *vol. in fol.*

1288 Histoire de Henry de la Tour d'Auvergne, 2 12
Duc de Bouillon, par Marsollier. *Paris*, 1719.
in 4.

1289 Mémoires pour servir à l'Histoire de France, 8 2
depuis 1515. jusqu'en 1611. par Pierre de l'E-
toile. *Col.* 1719. 2 *vol. in* 8. *fig.*

1290 Histoire de la vie du Duc d'Espernon, par 6
Girard. *Paris*, 1730. *in* 4.

1291 Mémoires de Marguerite de Valois, avec la 3 2
Fortune de la Cour, par Bussy Rabutin. *Liege*,
1713. *in* 8.

1292 Histoire de Henry le Grand, par Hardouin 2
de Perefixe. *Paris*, 1662. *in* 4.

1293 Journal du Regne de Henry IV. par Pierre 8
de l'Etoille. *Paris*, 1732. 2 *vol. in* 8. *fig.*

1294 Satyre Menippée de la vertu du Catholicon
d'Espagne. *Ratisbonne*, 1677. *in* 12.

1295 —— Le même. *Ratisbonne*, 1726. 3 *vol.* 9 2
in 8.

1296 Brutum Fulmen Sixti V. adversùs Henricum 1 4
IV. *in* 8.

1297 Mémoires des Œconomies d'Etat, par Maxi- 3 5
milien de Bethune. *Amst.* 2 *vol. in fol.*

3   1298 Mémoires de Maximilien de Bethune, Duc de Sully. *Paris*, 1663. 8 *vol. in* 12.

13   1299 Mémoires de Maximilien de Bethune, Duc de Sully, publiés par M. de l'Eclufe. *Londres*, 1745. 8 *vol. in* 12.

3   12 1300 L'Hiftoire Univerfelle du Sieur d'Aubigné. *Maillé*, 1616. 2 *vol. in fol.*

2   11 1301 Mémoires de la vie de Théodore Agrippa d'Aubigné, avec la vie de Madame de Mucy. *Amft*, 1731. 2 *tom. en* 1 *vol. in* 12.

4   3 1302 Les Avantures du Baron de Fœnefte, par Théodore Agrippa d'Aubigné. *Cologne*, 1739. 2 *vol. in* 8.

1   9 1303 Lettres de Nicolas de Neufville de Villeroy à Jacques de Matignon, Maréchal de France, écrites depuis 1581. jufqu'en 1596. *Montelimart*, 1749. *in* 12.

7   8 1304 Lettres du Cardinal d'Offat, avec des notes hiftoriques & politiques d'Amelot de la Houf-faye. *Amft.* 1714. 5 *vol. in* 12.

7   11 1305 Ambaffades de M. de la Boderie en Angle-terre, fous le Regne de Henry IV. 1750. 4 *vol. in* 12. *v. f.*

12   8 1306 Hiftoire de l'Edit de Nantes. *Delft*, 1693. 5 *vol. in* 4.

1307 Le Franc & Véritable Difcours au Roi fur le Rétabliffement qui lui eft demandé pour les Jé-fuites. 1603. *in* 12.

5   1 1308 Hiftoire de la Mere & du Fils, par François-Eudes de Mezeray. *Amft.* 1730. 2 *vol. in* 12.

50   2 1309 Hiftoire de Louis XIII. par Michel le Vaf-for. *Amft.* 1701. & *fuiv.* 10 *vol. en* 17 *tom. in* 12.

15 1310 Le Mars François, où la Guerre de France, par Alexandre Patricius Armacanus, *in* 8.

2   11 1311 Supplément aux Mémoires du Duc de Rohan. *Paris*, 1661. *in* 12.

1312

que d'Angers, 1748. 5 *vol. in* 12. *v. f.*

1328 Mémoires de la Minorité de Louis XIV. par M. de la Rochefoucault. *Villefranche*, 1690. *in* 12.

1329 —— Les mêmes. *Amft.* 1723. 2 *vol. in* 12.

1330 Entrée Triomphante de Louis XIV. & de Marie-Therefe d'Autriche. *Paris*, 1662. *in fol. fig.*

1331 Hiftoire de Louis XIV. depuis la mort du Cardinal Mazarin en 1661. jufqu'en 1678. par Pelliffon. *Paris*, 1749. 3 *vol. in* 12.

1332 Hiftoire en abregé de Louis le Grand, par le Comte de Buffy Rabutin. *Paris*, 1699. *in* 12.

1333 Hiftoire du Regne de Louis XIV. par Reboulet. *Paris*, 1744. 3 *vol. in* 4. *v. f.*

1334 Hiftoire de Louis XIV. par Médailles, par Cl. François Meneftrier. *Paris*, 1691. *in fol. fig.*

1335 Le Fidéle de Louis XIV. par M. de Francheville. (M. de Volt.) *Leipfick*, 1752. 4 *tom.* en 2 *vol. in* 12.

1336 Médailles fur les principaux Evénemens du Regne de Louis le Grand. *Paris*, *Imp. Royale*, 1702. *in* 4.

1337 —— Les mêmes. *Paris*, 1723. *in fol. g. p. m. r.*

1338 Mémoires de Lenet, contenant les Guerres Civiles de 1649. & fuiv. *Paris*, 1729. 2 *vol. in* 12.

1339 Lettres du Cardinal Mazarin. *Amfter.* 1745. 2 *tom.* en 1 *vol. in* 12.

1340 Mémoires du Cardinal de Retz, de Joly, & de Madame la Ducheffe de Nemours. *Amfterd.* 1719. 7 *vol. in* 8.

1341 Mémoires de M. de Gourville. *Paris*, 1724. 2 *vol. in* 12.

1342 Mémoires de Mademoiselle de Montpensier. *11.*	2
Amst. 1735. 8 tom. en 4 vol. in 12.

1343 Mémoires de Robert Arnauld d'Andilly.
Hambourg, 1734. in 12.

1344 Mémoires sur les principaux Evénemens du	1	8
Regne de Louis XIV. par le Marquis de la Far-
re. Amst. 1734. in 12.

1345 Histoire du Maréchal Fabert. Amst. 1697. in	1	13
12. d. s. t.

1346 Mémoires d'Artagnan, par Gatien Sandrez	8	9
de Courtilz. Amst. 1715. 3 vol. in 12.

1347 Mémoires pour servir à l'Histoire de Louis	2	2
XIV. par l'Abbé de Choisy. Utrecht, 1727. 2
tom. en 1 vol. in 12.

1348 Mémoires de la Cour de France, par Mada-	1	6
me la Comtesse de la Fayette. Amster. 1731.
in 12.

1349 Mémoires de M. le Duc de Guise. Paris,	3	2
1668. in 4.

1350 La Vie de François de Lorraine, Duc de	1	6
Guise. Paris, 1681. in 12.

1351 Histoire des Démêlés de la Cour de France	6	9
avec la Cour de Rome, par Fr. Seraphin Regnier
Desmarais. 1707. in 4.

1352 Mémoires du Duc de Navailles & de la Va-	1
lette. Paris, 1701. in 12.

1353 Histoire du Vicomte de Turenne, par Ra-	2	10
guenet. La Haye, 1738. 2 tom. en 1 vol. in 12.

1354 Histoire du Vicomte de Turenne, par Ram-	19	19
say. Paris, 1735. 2 vol. in 4. fig.

1355 Négociations du Comte d'Avaux en Hollan-	6
de, depuis 1679. jusqu'en 1684. Paris, 1752.
3 vol. in 8.

1356 Les Mémoires de Roger de Rabutin, Comte	9	19
de Bussy. Paris, 1696. 2 vol. in 4.

1357 Mémoires de M. de Feuquieres. *Londres*, 1736. *in* 4. *fig.*

12.1358 Mémoires très-fidéles & très-exacts des Expéditions Militaires qui se font faites en Allemagne, en Hollande & ailleurs, depuis le Traité d'Aix-la-Chapelle, par un Officier distingué. *Paris*, 1734. 2 *vol. in* 12.

12.1359 Testament Politique du Marquis de Louvois. *Col.* 1695. *in* 12.

4.1360 Mémoires du Comte de Forbin. *Amst.* 1739. 2 *vol. in* 12.

7 1361 Mémoires de du Gué-Trouin. *Amst.* 1730. *in* 12.

1 1362 Mémoires de M. du Gué-Trouin. *Par.* 1740. *in* 4. *d. s. t. fig.*

1 1363 Lettres d'un Suisse à un François. *Basle*, 1704. 8 *vol. in* 12.

10 1364 Mémoires du Maréchal Duc de Villars. *La Haye*, 1734. 2 *vol. in* 12.

1 1365 Mémoires de la Régence durant la Minorité de Louis XV. *La Haye*, 1736. 3 *vol. in* 12. *fig.*

5 1366 Réfléxions Politiques & Historiques sur l'affaire des Princes légitimés, avec le Recueil des Piéces à ce sujet, 1711. & *suiv.* 2 *vol. in* 8.

19 1367 Histoire de la derniere Guerre & des Négociations pour la Paix, avec la Vie du Prince Eugene, par Massuet. *Amst.* 1736. 5 *vol. in* 12. *fig.*

19 1368 Lettres & Négociations de M. Van Hoey. *Londres*, 1743. *in* 12.

1369 Mémoires de M. l'Abbé de Montgon. 1750. 9 *vol. in* 12.

1 1370 Histoire de Maurice Comte de Saxe, Maréchal Général des Camps & Armées du Roi. *Millaw*, 1752. 3 *vol. in* 12.

1371 Anecdotes Hiſtoriques, Militaires & Politi- 3   1
ques de l'Europe, par M. l'Abbé Raynal. *Amſt.*
1753. 2 *tom. en* 1 *vol. in* 8.

Hiſtoire des Provinces & des Villes de France.

1372 La France depuis ſon aggrandiſſement par 2   13
les Conquêtes du Roi, par P. Duval. *Paris,*
1691. *in* 12. *fig.*

1373 Etat de la France, extrait des Mémoires 14   1
dreſſés par les Intendans du Royaume, par ordre
de Louis XIV. avec des Mémoires Hiſtoriques,
par le Comte de Boulainvilliers. *Lond.* 1737.
6 *vol. in* 12.

1374 Hiſtoire de la Ville de Paris, par Guyot des
Fontaines. *Paris,* 1735. 5 *vol, in* 12.

1375 Deſcription nouvelle de la Ville de Paris, 1   16
par Germain Brice. *Paris,* 1706. 2 *vol. in* 12.
fig.

1376 Mémorial de Paris & de ſes environs. *Paris,*
1743. 2 *vol. in* 12.

1377 Voyage Pictoreſque de Paris. *Paris,* 1749. 1   5
in 12.

1378 Deſcription ſommaire du Château de Ver-
ſailles. *Paris,* 1674. *in* 12.

1379 Les Origines de la Ville de Caen. *Rouen,* 2
1716. *in* 8.

1380 Deſcription hiſtorique de Dunkerque, par 74
Pierre Faulconnier. *Bruges,* 1730. 2 *tom. en* 1
vol. in fol. fig.

1381 L'Hiſtoire & Chronologie de Provence, par 5
Céſar Noſtradamus. *Lyon,* 1614. *in fol. v. f.*

1382 Hiſtoire Chronologique de Provence, par 24
Honoré Bouche. *Aix,* 1660. 2 *vol. in fol.*

1382 Hiſtoire de la Ville d'Aix, par Jean Scho- 6   13
laſtique Pitton. *Aix,* 1666. *in fol.*

1384 Canal de Provence, ou Canal d'Aix & de Marseille, par le Sieur Floquet. *Paris*, 1750, *in* 8.

Hiſtoire d'Allemagne.

1385 Hiſtoire de l'Empire, par Heiſſ. *Paris*, 5 *vol. in* 12.

1386 Diſcours Hiſtoriques de l'Election & des Electeurs de l'Empire. *Paris*, 1658. *in* 4.

1387 Hiſtoire de la ſucceſſion aux Duchés de Juliers & de Berg, traduite de l'Anglois. *Amſter.* 1739. *in* 12.

1388 —— Le même. *Amſterdam*, 1738. 2 *vol. in* 12.

1389 Mémoires de Montecuculli, Gén. des Troupes Impériales. *Paris*, 1712. *in* 12.

1390 Mémoires de la Colonie, Maréchal de Camp des Armées de l'Electeur de Baviere. *Bruxelles*, 1737. 2 *vol. in* 12.

1391 Mémoires du Marquis Maffei, Lieutenant Général des Troupes Impériales. *La Haye*, 1740. 2 *vol. in* 12.

1392 Mémoires pour ſervir à l'Hiſtoire de Brandebourg. 1751. 2 *tom. en* 1 *vol. in* 12.

Hiſtoire de Flandres & des Pays-Bas.

1393 Annales des Provinces-Unies, par Baſnage. *La Haye*, 1719. 2 *vol. in fol. v. f.*

1394 Hiſtoire des Provinces-Unies des Pays-Bas, par le Clerc. *Amſt.* 1723. 3 *tom. en* 2 *vol. in fol. fig. v. f.*

1395 Hiſtoire Métallique de Hollande, par Bizot. *Paris*, 1687. *in fol. v. f. fig.*

1396 Remarques du Chevalier Temple ſur l'état

des Provinces-Unies en 1672. *La Haye*, 1680.
in 12.

1397 Medicea Hospes, sive Descriptio publicæ 8
gratulationis quâ Mariam de Medicis excepit
Senatus Populusque Amstelodamensis, Auctore
Gaspare Barlæo. *Amst.* 1638. *in fol. v. f.*

1398 Histoire du Stadhouderat, depuis son origi- 2 9
ne jusqu'à présent. *La Haye*, 1747... Histoire
de la Princesse de Montferrat. 1749. *in 12.*

Histoire d'Espagne & de Portugal.

1399 Histoire Générale d'Espagne, trad. de l'Es- 12
pagnol de Jean Mariana, par Joseph-Nicolas
Charenton. *Paris,* 1725. *5 vol. en 6 tom. in 4.*
fig.

1400 Histoire des Révolutions d'Espagne, par le 77 12
Pere d'Orleans. *Paris,* 1734. *3 vol. in 4.*

1401 Mémoires pour servir à l'Histoire du Cardi- 4 11
nal de Granvelle, Premier Ministre de Philippe
II. Roi d'Espagne. *Paris,* 1753. *2 tom. en 1 vol.*
in 12.

1402 Mémoires de la Cour d'Espagne, par Mada- 2 10
me d'Aulnoy. *La Haye,* 1691. *2 tom. en 1 vol.*
in 12.

1403 Lettres de Filtz-Moritz, trad. de l'Angl. 2 5
par Garnesai, avec la réponse à ces Lettres.
Amst. 1718. *in 12.*

1404 Histoire des Révolutions de Portugal, par 2 1
de Vertot. *Paris,* 1728. *in 12.*

Histoire d'Angleterre.

1405 Hist. d'Angleterre, par de Rapin Thoiras.
La Haye, 1733. *13 vol. in 4.*

77. 1406 Remarques Hist. & Crit. sur l'Hist. d'Angleterre de Rapin Thoiras, par Tindal. *La Haye,* 1733. 2 *vol. in* 4.

7   4. 1407 Nouvel Abregé Chronologique de l'Histoire d'Angleterre, trad. de l'Anglois de M. Salmon, par M. l'Abbé Garrigues. *Paris,* 1751. 2 *vol. in* 8.

4.   17 1408 Histoire de Henry VII. Roi d'Angleterre, par Marsolier. *Paris,* 1697. 2 *volumes in* 12. *v. f.*

6   1 1409 Histoire de la Réformation de l'Eglise d'Angleterre, trad. de Burnet par de Rosemond. *Amst.* 1687. 4 *vol. in* 12.

3   3 1410 Histoire de Guillaume III. Roi d'Anglet. d'Ecosse & d'Irlande, par Samson. *La Haye,* 1703. 3 *vol. in* 12.

1411 Mémoires de Melvil, trad. de l'Anglois par M. Prevôt. *Edimbourg,* 1745. 3 *vol. in* 12.

3   19 1412 Histoire d'Olivier Cromwel, par Raguenet. *Paris,* 1691. 2 *vol. in* 12.

4   1 1413 La Vie d'Olivier Cromwel, trad. de l'Anglois. *La Haye,* 1725. 2 *vol. in* 8. *v. f.*

2.   1414 Histoire de Marie Stuart, Reine d'Ecosse, avec les Piéces justificatives & des remarques, par l'Abbé de Marsy. *Londres,* 1742. 2 *vol. in* 12.

1415 Essai sur la Vie de Marie Reine d'Angleterre, femme de Georges III. trad. de l'Angl. de Burnet par David Mazel. *La Haye,* 1695. *in* 12.

2.   1416 Mémoires du Duc d'Ormond, traduits de l'Anglois. *La Haye,* 1738. 2 *tom. en* 1 *volum. in* 12.

1.   10 1417 Histoire du Parlement d'Angleterre, par l'Abbé Raynal. *Londres,* 1748. *in* 12.

1418

1418 Le Portrait du Roi de la Grande Bretagne,   1.   4.
fait de sa propre main durant sa solitude & ses
souffrances. *Rouen*, 1749. *in* 4.

1418 * Histoire de la Rébellion & des Guerres ci-
viles d'Angleterre, par Milord Clarendon. *La
Haye*, 1704. *6 vol. in* 12.   15   1

1419 Mémoires de la derniere Révolution d'An-
gleterre, pour servir de suite à Clarendon. *La
Haye*, 1702. *2 vol. in* 12.

1420 Hist. des Révolutions d'Angleterre, par   2 4
Gilbert Burnet. *La Haye*, 1735. *3 vol. in* 4.

1421 Histoire des Révolutions d'Angleterre, par   9
le P. d'Orléans. *Paris*, 1724. *4 vol. in* 12. *fig.*

1422 Mémoires de la Vie du Comte de Gram-   1   10
mont, par Antoine Hamilton. *Cologne*, 1714.
in 12.

Histoire des Pays Septentrionnaux.

1423 Histoire des Révolutions de Suede, par de   2   2
Vertot. *Paris*, 1722. *2 vol. in* 12.

1424 Histoire Militaire de Charles XII. par Gus-   7   4
tave Adlerfelt. *Paris*, 1741. *3 vol. in* 12.

1425 Histoire de Charles XII. Roi de Suede, par   2   2
M. de Voltaire. *Basle*, 1732. *in* 12.

1426 Remarques historiques & critiques sur l'His-   7   6
toire de Charles XII. de M. de Voltaire, par
M. de la Mottraye. *Paris*, 1732... Zaïre, Trag.
par M. de Voltaire. *Paris*, 1733.... Le Pares-
seux, Coméd. par M. de Launay. *Paris*, 1733...
Geta, Trag. par Péchantré. *Paris*, 1723. *in* 12.

1427 Histoire générale de Pologne, par M. de   7   19
Solignac. *Paris*, 1750. *5 vol. in* 12.

1428 Mémoires de Hambourg, de Lubeck & de   2
Holstein, de Danemark, de Suede & de Po-
logne, par Aubery du Maurier. *Amst.* 1736.
in 12.   O

1429 Histoire des Révolutions de Hongrie, où l'on donne une idée de son légitime Gouvernement. *La Haye*, 1739. *6 vol. in* 12.

1430 Nouveaux Mémoires sur l'état présent de la Grande Russie, ou Moscovie. *Paris*, 1735. *2 vol. in* 12.

1431 Anecdotes du Regne de Pierre Premier, dit le Grand. 1745. *in* 12.

Histoire des Pays hors de l'Europe.

1432 Histoire de l'Empire Ottoman, trad. de Cantimir par de Joncquieres. *Paris*, 1743. *2 vol. in* 4.

1433 Histoire des Révolutions de l'Empire de Constantinople, par de Burigny. *Paris*, 1750. *3 vol. in* 12.

1434 Stato Militare dell' Imperio Ottomanno, del Conte di Marsigli. *In Haya*, 1732. *2 tom. en* 1 *vol. in fol. fig.*

1435 Mœurs & Usages des Turcs, avec un abregé de l'Histoire Ottomane, par M. Guer. *Paris*, 1747. *2 vol. in* 4. *gr. pap.*

1436 Anecdotes, ou Histoire secrette de la Maison Ottomane. *Amst.* 1722. *4 tom. en* 2 *volum. in* 12.

1437 Hist. des Grands Vizirs, par de Chassepol. *Paris*, 1679. *3 vol. in* 12.

1438 La Vie de Mahomet, avec des Réfléxions sur la Religion Mahometane, par le Comte de Boulainvilliers. *Amst.* 1731. *in* 12.

1439 Histoire des Arabes sous le Gouvernement des Califes, par M. de Marigny. *Paris*, 1750. *4 vol. in* 12.

1440 Histoire de la Conquête du Perou, traduite de l'Espagnol. *Paris*, 1716. *2 vol. in* 12.

1441 Histoire des Yncas, Rois du Perou, avec 33   1
la Conquête de la Floride, trad. de l'Espagnol
de Garcilasso de la Vega, avec figures gravées
par B. Picart. *Amsterd.* 1737. 2 *vol. in* 4. *v. f.*

1442 Histoire de la Conquête du Mexique, trad. 6   10
de l'Espagnol de Dom Ant. de Solis. *Par.* 1691.
in 4. *fig.*

1443 Histoire de l'Isle Espagnole, ou de S. Domin- 15   17.
gue, par le P. de Charlevoix. *Paris,* 1730. 2
vol. in 4. *fig.*

1444 Parallele de l'Expédition d'Alexandre avec
Tahmas-Koulikan, par Bougainville. *Par.* 1752.
in 8. *broch.*
                                        3   15

1445 Histoire de Tamerlan, Empereur des Mo-
gols, & Conquerant de l'Asie, par le P. Margat.
Paris, 1738. 2 *tom. en* 1 *vol. in* 12.

1446 Histoire des Révolutions de l'Empire de 2   4.
Maroc. *Amst.* 1731. *in* 12.

1447 Lettres de M. l'Abbé de Lionne, sur les
Idolâtries Chinoises. 1700. *in* 12.

1448 Apol. des Domin. Miss. de la Chine. *Col.*
1700. *in* 12.
                                        3   8

1449 Défenses des nouveaux Chrétiens & des
Missionnaires de la Chine, par le P. le Tellier,
contre la Morale Pratique des Jesuites & l'es-
prit de M. Arnauld. *Paris,* 1688. *in* 12.

1450 Nouveaux Mémoires sur l'état présent de la 8   7
Chine, par le P. le Comte. *Paris,* 1701. 3 *vol.*
in 12. *m. b.*

1451 Mémoires de la Chine. *Anvers,* 1702. 4 *vol.*
in 12.
                                        14   5

1452 Anecdotes de la Chine, par M. le Card. de
Tournon. *Paris,* 1733. 7 *vol. in* 12.

1453 Mémoires Historiques sur les Missions des
Indes Orientales, par le P. Norbert. *Luques,*
1744. *in* 4. *broch.*

1454 Lettres édifiantes & curieuses sur la Visite Apostolique de M. de la Baume, Evêque d'Halicarnasse, à la Cochinchine en 1740, pour servir de suite aux Mémoires du P. Norbert. *Venise*, 1746. *in* 4.

1455 Hist. Naturelle, Civile, & Ecclésiastique de l'Empire du Japon, par Engelbert Kempfer. *La Haye*, 1729. 2 *vol. in fol. fig. v. f.*

1456 Histoire & Description générale du Japon, par le P. de Charlevoix. *Paris*, 1736. 2 *vol. in* 4. *fig.*

PARALIPOMENES HISTORIQUES.

Histoire Généalogique & Héraldique.

1457 La Science Héroïque de la Noblesse, & de l'origine des Armes, par Marc Wulson de la Colombiere. *Paris*, 1669. *in fol.*

1458 Abregé Méthodique des Principes Héraldiques, par le Pere Meneftrier. *Lyon*, 1681. *in* 12.

1459 Généalogie de la Maison Royale de Bourbon, par Charles Bernard. *Paris*, 1645. *in fol.*

1460 Histoire Généalogique & Chronologique de la Maison de France, par le Pere Anselme, augmentée par le Pere Simplicien. *Paris*, 1726. & *suiv.* 9 *vol. in fol.*

1461 Histoire & Preuves Généalogiques de la Maison de Gondi, *in* 4. *fig.*

1462 Histoire Généalogique de la Maison des Briçonnets, par Guy Bretonneau. *Paris*, 1721. *in* 4.

1463 Traité Historique & Critique sur l'Origine & la Généalogie de la Maison de Lorraine, par Baleicourt. *Berlin*, 1711. *in* 8. *fig.*

1464 Histoire de la Noblesse du Comté Venaissin,

d'Avignon, & de la Principauté d'Orange, par Pithon-Curt. *Paris*, 1743. *& suiv.* 4 *vol. in* 4.

Antiquités & Médailles.

1465 Histoire des grands chemins de l'Empire Ro-13   19
main, par Bergier. *Bruxelles*, 1736. 2 *vol. in* 4. *fig.*

1466 La Science des Médailles, avec des Remar-   5   19
ques Historiques & Critiques, par le Pere Jobert. *Paris*, 1739. 2 *vol. in* 12. *fig.*

Histoire Littéraire.

1467 Relation contenant l'Histoire de l'Académie   11.
Françoise, par Paul Fontanier Pellisson. *Paris*, 1672. *in* 12.

1468 Histoire de l'Académie Françoise, par M.   5   1
Pellisson, continuée par M. l'Abbé d'Olivet. *Paris*, 1730. 2 *vol. in* 12.

1469 Académie des Sciences & des Arts, par 21   1
Bullart. *Amst.* 1682. 2 *vol. in fol.*

1470 Histoire de l'Académie des Belles-Lettres,   2
par Gros de Boze. *Paris*, 1740. 3 *vol. in* 12.

1471 Mémoires de l'Académie des Inscriptions, 15
La Haye, 1719. 9 *vol. in* 12. *jusqu'en* 1725. *incl.*

1472 Histoire Littéraire de la France. *Par.* 1733.   1   10
in 12. *tom.* 1.

1473 Histoire d'un Voyage Littéraire fait en   2   12.
1733. en France, en Angleterre & en Hollande. *La Haye*, 1735. *in* 12.

1474 Anecdotes Littéraires, ou Histoire de ce
qui est arrivé de plus singulier aux Ecrivains François, depuis François I. jusqu'à nos jours. *Paris*, 1750. 2 *vol. in* 12.

Bibliographes Généraux.

6   13 1475 Histoire de l'Origine & des Progrès de l'Im-
primerie, par Prosper Marchand. *Amst.* 1740.
in 4.

6   1 1476 La Science Pratique de l'Imprimerie, par
Fertel. *Saint-Omer,* 1741. *in* 4.

24.   1477 Bibliothéque de la Croix du Maine. *Paris,*
1584. *in fol.*

2   5 1478 La Bibliothéque Historiale de Nicolas Vi-
gnier. *Paris,* 1587. 2 *vol. in fol.*

15   1479 Bibliothéque des Auteurs de Bourgogne,
par Papillon. *Dijon,* 1742. 2 *vol. in fol.*

1   5 1479 * Bibliothéque Janséniste, par le P. Colonia,
Jésuite. 1731. *in* 12.

12.   6 1480 Dictionnaire des Livres Jansénistes, ou qui
favorisent le Jansénisme, par le Pere Colonia.
Anvers, 1752. 4 *vol. in* 12. *v. f.*

5   1480 * Jugemens des Sçavans sur les Auteurs qui
ont traité de la Rhétorique, par Gibert. *Paris,*
1719. 3 *vol. in* 12.

3   8 1481 Essais de Littérature pour la connoissance des
Livres. *Paris,* 1702. & *suiv.* 6 *vol. in* 12.

2   4. 1482 Bibliothéque choisie de Colomiés. *Par.* 1731.
in 12.

1483 Mémoires de Littérature, par de Sallengre,
La Haye, 1715. 4 *tom. en* 2 *vol. in* 12. *fig.*

34.   1 1484 Continuation des Mémoires de Littérature
& d'Histoire, par le P. Desmolets. *Paris,* 1730.
& *suiv.* 11 *vol. in* 12.

6   1 1485 Mêlange d'Histoire & de Littérature, par
Vigneul Marville. (Noël d'Argonne.) *Paris,*
1725. 3 *vol. in* 12.

5   1 1486 Recueil de Piéces d'Histoire & de Littéra-
ture. *Paris,* 1731. 3 *vol. in* 12.

1487 Bibliothéque Françoise , ou Histoire de la 25   19
     Littérature Françoise, par l'Abbé Goujet. *Par.*
     1740. *& fuiv.* 14 *vol. in* 12.
1488 Nouveaux Mémoires d'Histoire , de Criti-14.   5
     que & de Littérature, par M. l'Abbé Dartigny.
     Paris, 1749. *& fuiv.* 6 *vol. in* 12.
1489 Mêlanges de Littérature , d'Histoire & de 4   19
     Philofophie, par M. d'Alembert. *Berlin,* 1753.
     2 *vol. in* 12.

Bibliographes Périodiques, ou Journaux Littéraires.

1490 Acta Eruditorum Lipsiensium. *Lipsiæ,* 1682. 1
     1683. *&* 1684. *incl.* 3 *vol. in* 4.
1491 Nouvelles de la République des Lettres ,37   19
     commencées par P. Bayle , & continuées par
     Bernard. *Amst.* 1684. *& fuiv.* 51 *vol. in* 12.
1492 Histoire des Ouvrages des Sçavans , par Baf-14   1
     nage. *Rotter.* 1687. *& fuiv.* 24 *vol. in* 12.
1493 Bibliothéque Univerfelle & Hiftorique , par 25   3
     le Clerc, commencée en 1686. & finie en 1693.
     Amst. 1700. 26 *vol. in* 12.
1494 Bibliothéque choifie, par le Clerc. *Amster.* 30
     1712. *& fuiv.* 28 *vol. in* 12.
1495 Bibliothéque Ancienne & Moderne, par J. 29
     le Clerc. *La Haye,* 1726. *& fuiv.* 29 *vol. in* 12.
1496 Journal Littéraire, commencé en Mai 1713. 15   6
     & fini en 1733. *La Haye,* 1715. *& fuiv.* 20 *vol.*
     in 12.
1497 L'Europe Sçavante, par M. de Hyacinthe. 15
     La Haye, 1718. 12 *vol. in* 12.
1498 Bibliothéque Germanique. *Amst.* 1720. 20 21   1
     vol. in 12.
1499 Nouvelles Littéraires. *Paris,* 1723. *in* 8.   1   17
1500 Bibliothéque Françoife. *Amst.* 1723. *& fuiv.* 27   10
     25 *vol. in* 12.

1501 Bibliothéque de Livres nouveaux. *Nancy*, 1726. *in* 12.

1502 Bibliothéque Raifonnée des Ouvrages fçavans de l'Europe. *Amft.* 1728. 19 *vol. in* 12.

1503 Bibliothéque Italique. *Geneve*, 1728. 9 *vol. in* 12.

1504 Pour & Contre, par M. l'Abbé Prévoft. *Par.* 1733. 12 *vol. in* 12.

1505 Le Pour & Contre, par M. l'Abbé Prévoft. *La Haye*, 1733. 5 *vol. in* 12.

1506 Mémoires de Trévoux, commençant en Janvier 1734, & finiffant en Décembre 1736. 12 *vol. in* 12.

1507 Le Nouvellifte du Parnaffe. *Paris*, 1731. 3 *vol. in* 12.

1508 Obfervations fur les Ecrits Modernes, par les Abbés Granet & des Fontaines. *Paris*, 1735. & *fuiv.* 33 *vol. in* 12.

1509 Lettres de Madame la Comteffe de. . . . fur quelques Ecrits Modernes, tome 1. *Geneve*, 1746. . . . L'Obfervateur Littéraire. 1746. . . . Lettre de M. de Méraut au fujet de la Traduction des Eglogues de Neméfien & de Calpurnius. . . . Réponfe au foi difant Spectateur Littéraire, au fujet de fon avis défintéreffé fur Angola. 1746. *in* 12.

1510 Réfléxions fur les Ouvrages de Littérature. *Paris*, 1736. 12 *vol. in* 12.

1511 Jugemens fur quelques Ouvrages nouveaux. *Avignon*, 1744. 11 *vol. in* 12.

1512 Le Controlleur du Parnaffe, ou Nouveaux Mémoires de Littérature Françoife & Etrangere, par M. l'Abbé d'Etrée. *Berne*, 1745. 2 *vol. in* 12.

1513 Lettres Critiques fur quelques Ecrits de ce tems, par M. Freron. *Geneve*, 1749. 3 *vol. in* 12.

1514 Obfervations de Littérature Moderne, par 14.
l'Abbé de la Porte. *La Haye*, 1749. 7 *vol. in* 12.

1515 Bibliothéque Annuelle & Univerfelle. *Par.* 5   1
1751. 4 *vol. in* 12. *broch.*

Bibliographes fimples, ou Catalogues des Bibliothéques.

1516 Bibliotheca Telleriana, five Catalogus Li- 5   19
brorum Bibliothecæ D. le Tellier. *Parif.* 1693.
in fol.

1517 Catalogue des Livres de Louis du Four de   19
Longueruë. *Paris*, 1735. *in* 12.

1518 Catalogue des Livres imprimés de la Biblio- 16
théque du Roi, 2ᵉ & 3ᵉ part. *Paris*, 1742. 2 *vol.*
in fol.

Vies des Hommes Illuftres.

1519 Les Oeuvres de Plutarque, trad. par Amyot. 3
Páris, 1588. 2 *vol. in fol.*

1520 Les Vies des Grands Capitaines Grecs & 1
Romains, de Cornelius Nepos, trad. par le Gros.
Paris, 1729. *in* 12.

1521 Caïus Suetonius Tranquillus, cum Commen- 1
tariis. *Lugd.* 1548. *in fol.*

1522 Hiftoire de Ciceron, avec des Remarques 8   1
Hiftóriques & Critiques, par M. Morabin. *Par.*
1745. 2 *vol. in* 4.

1523 Hiftoire de Ciceron, tirée de fes Ecrits & 10
des Monumens de fon fiécle, par M. Prévoft.
Paris, 1743. 5 *vol. in* 12.

1524 La Vie de Rufin, Prêtre de l'Eglife d'Aqui-
lée, par Gervais. *Paris*, 1724. 2 *vol. in* 12.   2   10

1525 La Vie de Pierre Aretin, par M. de Boif-
préaux. *La Haye*, 1750. *in* 12. *broché.*

1526 Les Eloges des Hommes Sçavans, tirés de 6   19

l'Hiſtoire de M. de Thou, par Ant. Teiſſier. *Leyde*, 1715. 4 *vol. in* 12.

8   1 1527 Mémoires de Brantome. *Leyde*, 1699. & ſ. 15 *vol. in* 12.

1   1 1528 La Galerie des Peintures, ou Recueil des Portraits & Eloges en vers & en proſe des Princes & Princeſſes de la Cour. *Paris*, 1663. *in* 8.

1   1 1529 Les Portraits des Hommes Illuſtres François. *Paris*, 1668. *in* 12.

34.   3 1530 Les Hommes Illuſtres, par Claude Perrault. *Paris*, 1696. 2 *vol. in fol. g. p. fig.*

2   19 1531 Mémoires pour ſervir à l'Hiſtoire de pluſieurs Hommes Illuſtres de Provence. *Par.* 1752. *in* 12.

3   10 1532 Vie de M. le Marquis de Fabert, par le Pere Barre. *Paris*, 1752. 2 *vol. in* 12.

2   12 1533 Vie de Grotius, avec l'Hiſtoire de ſes Ouvrages, par M. de Burigny. *Paris*, 1752. 2 *vol. in* 12.

10 1534 Nic. Claud. Fabricii de Peireſc Vita, Authore Petro Gaſſendo. *Hagæ Comitum*, 1655. *in* 4.

1   1535 Vie de Pierre Gaſſendi, par le Pere B.... *Paris*, 1737. *in* 12. *v. f.*

2   1536 La Vie d'Edmond Richer, par Adrien Baillet. *Liege*, 1714. *in* 12.

4.   1537 La Vie de René Deſcartes, par le même. *Paris*, 1691. *in* 4.

3   1538 Vie de M. Pavillon, Evêque d'Alet. *Saint-Miel*, 1738. 3 *vol. in* 12.

2   1 1539 Petri Danielis Huetii, Commentarius de rebus ad eum pertinentibus. *Amſt.* 1718. *in* 12.

2   5 1540 Vie de M. le Nain de Tillemont, avec des Réfléxions ſur divers ſujets de Morale & quelques Lettres de piété. *Colog.* 1711. *in* 12.

1541 Apologie de M. Nicole, écrit par lui-même. *Amsterdam*, 1734. *in* 12. *broché.*

1542 Vie & Ouvrages de M. Lazare-André Boc- 1 10
quillot. 1745. *in* 12.

1543 La Vie de l'Abbé de Choisy. *Lauz.* 1748... 6 10
Lucina sine concubitu, Lucine affranchie des Loix
du concours. 1750.... Poësies de Lainez. *La
Haye*, 1753..... Narcisse, ou l'Amant de lui-
même, Comédie, par J. B. Rousseau. 1753.
in 8.

1544 Histoire de la Vie de Fr. de Salignac de la 1 10
Motte Fenelon. *Brux.* 1725. *in* 12. *broché.*

1545 Mémoires & Lettres de Jean Racine, don- 2 10
nés par son fils. *Lauzanne*, 1747. 2. *vol. in* 12.
v. f.

1546 Histoire de Madame Henriette d'Angleterre.
Amst. 1720. *in* 12.
1547 La Vie de Madame de Bellefont, par le P. 1 7
Bouhours. *Paris*, 1686. *in* 8.

1548 Vie de Madame la Duchesse de Longueville. 1 16
1738. 2 *tom. en* 1 *vol. in* 12.

1549 Vie de Madame de Maintenon. *Nancy*, 1753. 3
Mémoires sur la Vie de Mademoiselle de l'En-
clos. *Paris*, 1751. *in* 12.

1550 Abregé de la Vie des Peintres, avec des 1 17.
Réfléxions sur leurs Ouvrages, par M. de Piles.
Paris, 1715. *in* 12.

1551 Entretiens sur les Vies & sur les Ouvrages 9 15
des Peintres anciens & modernes, par Felibien.
Trévoux, 1725. 6 *vol. in* 12.

1552 La Vie de Pierre Mignard, premier Peintre 15.
du Roi, par l'Abbé de Monville. *Paris*, 1730.
in 12.

Extraits & Dictionnaires Historiques.

2. 　1553 Godefridi Guilielmi Leibnitii Accessiones Historicæ. *Lipsiæ*, 1699. *in* 4. *v. f.*

2 　12 1554 Mémoires Historiques, Politiques, Critiques & Litteraires, par Amelot de la Houssaye. *Amst.* 1732. 2 *vol. in* 12.

3 　1 1555 Histoires tragiques de notre tems, par Fr. de Rosset. *Rouen*, 1700. *in* 8.

4. 　1556 Recueil A. *Fontenoy*, 1745..... Vie de Mecenas, par Richer, 1746. *in* 12.

　10 1557 Joannis Cibenii Lexicon Historicum & Poëticum. *Lugd.* 1744. *in* 8.

　1558 Dictionnaire Historique & Critique, par Pierre Bayle. *Amst.* 1730. 4 *vol. in fol.*

　　　　⎧1559 Le Grand Dictionnaire Historique, par Louis Morery. *Paris*, 1718. 5 *vol. in fol.*
72　19⎨
　　　　⎩1560 Supplement au Dictionnaire de Morery, par l'Abbé Gouget. *Paris*, 1735. 2 *vol. in fol.*

8 　19 1561 Dictionnaire Historique portatif, par M. l'Avocat. *Paris*, 1752. 2 *vol. in* 12.

Livres obmis.

15 1562 Leonis Allatii de Patria Homeri. Lib. *Lugd.* 1640. *in* 12. *v. f. d, s. tr.*

2. 　1563 Joh. Fred. Gronovii, ad L. & M. Annæos Senecas Notæ. *Lugd. Bat. Elz.* 1649. *in* 12.

1 　1564 Leonidas traduit de l'Anglois. *Gen.* 2 *tom. en* 1 *vol. in* 12.

2 　1565 Roland le furieux, trad. par de Rosset. *Par.* 1625. *in* 4.

48. 　1566 Mercure de France, par Mrs Fuselier & la Bruere, depuis Novemb. 1744. jusqu'en Juin 1751. *Paris*, 1744. & *suiv.* 34 *vol. in* 12.

ESTAMPES.

1 UN Volume contenant 354 feuilles des
   Payſages de Perelle, & Livre d'étude de
   Louis de Boulogne, *in 4. oblong.*

2 Un Volume contenant la Vie, la Paſſion & les
   Miracles de J. C. gravés par Melchior Kyſell
   d'après Guilielme Baurn, *in fol. oblong.*

3 Suite de différens ſujets ſacrés & prophanes,
   au nombre de 40. morceaux environ.

3 * Le Cabinet des plus beaux Portraits gravés par
   Ant. Van Dyck. *Anvers, 2 vol. in fol.*

4 Un Vol. in fol. contenant pluſieurs morceaux,
   dont la petite Paſſion de Calot, ſes Caprices,
   l'Enfant Prodigue, une petite ſuite des Vaſes
   de la Belle, & autres Maîtres.

5 Les différentes Vûes de Rome, inventées par
   Falda ; une ſuite de Vûes gravées par le Pautre ;
   les Jeux d'Enfans de Mademoiſelle Stella ; une
   ſuite des Payſages de Perelle, *1 vol. in fol.*

6 La Colonne Trajane, gravée par Ceſius, *in fol.
   oblong.*

7 Antiquités de Rome, gravées par Sanctus Bar-
   tolus, *in fol. oblong.*

8 Recueil de différens Payſages d'Etudes, & autres
   ſujets d'Etienne la Belle & d'Iſrael Silveſtre, *an-
   cienne Edition, grand in fol.*

9 Cabinet d'Aguille, *in fol. ancienne édit. pet. pap.*
   mar.

10 Les cent Eſtampes repréſentant les différentes
   Nations du Levant, par Feriol, *in fol.*

11 Courſes de Têtes & de Bagues, faites par le
   Roi & les Seigneurs de ſa Cour en l'année 1662.
   Paris, 1670. in fol.

60   12 La Galerie du Palais du Luxembourg, deffinée par Natier, & gravée par différens Maîtres. *Par* 1710. *grand in fol. anciennes épreuves.*

16   13 Une Suite d'environ 200 Portraits de différentes Perfonnes illuftres, gravés par les foins d'Audiœvre.

3   14 Les Modes de Saint Jean, *in fol.*

5   15 Différens fujets gravés par différens Maîtres.

7   16 Les Antiques & Bas-reliefs de Perrier.

15   17 Recueil de 23 Portraits des principaux Graveurs & Sculpteurs de l'Académie, gravés par différens Graveurs. *Anciennes Epreuves.*

5.   18 24 Portraits des Empereurs & Impératrices, gravés par Sadeler.

     19 27 Portraits de differentes Perfonnes Illuftres, gravés par Nanteuil, Maffon, & autres.

3   12   20 Les Plaifirs de l'Ifle enchantée, avec les figur. de le Pautre. *Paris, Imp. Roy.* 1673. *in fol.*

     21 33 Portraits gravés par différens Maîtres.

5   10   22 Le Cabinet des beaux Arts, par Perrault, 1690. *in 4. oblong.*

     23 36 Portraits des Rois & Reines d'Angleterre, gravés par différens Maîtres.

4.   24 La Vie de S. Bruno, gravée par Chereau. Différens Sujets remarquables tirés de l'Hiftoire Grecque, gravés par le même.

50   25 42 Portraits d'Hommes Illuftres, par différens Maîtres.

6   12 26 29 Portraits d'Hommes Illuftres de différentes grandeurs, par différens Maîtres.

6   4. 27 32 Portraits de différentes grandeurs.

6   13 28 40 Portraits de différentes grandeurs & de différens Maîtres.

10   10 29 53 Portraits de différentes grandeurs & de différens Maîtres.

     30 9 Portraits repréfentans des Princes de la Maifon Royale.

31 6 Portraits gravés par Masson, Edelinck, Van
Schuppen & de Will, dont le Comte d'Har- 28
court, dit Cadet la Perle, & celui de M. de
Luxembourg.

32 28 Portraits de Nanteuil & de Masson, dont 7
l'Abbé Brisacier avant la Lettre.

33 13 Portraits gravés par Drevet, Smith, 24
Will & Presler, dont M. Samuel Bernard,
Madame de Nemours, le Card. d'Auvergne, &
Mignard.

34 21 Portraits gravés par Edelinck, Drevet & 18   1
Vermeulen, dont M. l'Abbé Pucelle, Rousseau
& Desjardins.

35 33 Portraits, dont plusieurs gravés par Mo- 12.
rin.

36 68 Morceaux, dont Figures de Dom Qui- 37.
chotte, Roman Comique, &c.

37 17 Portraits de différentes grandeurs, d'après 10   12.
Vandyck.

38 11 Morceaux de l'Histoire de Toulouse.   8   2

39 17 Morceaux de Sujets galants, d'après l'Al- 7   13
bane & M. Boucher.

40 22 Morceaux de différens Sujets, gravés par 15   1
Mrs. le Bas, Moyreau, & autres.

41 17 Morceaux de le Clerc, dont l'Apothéose 14.   10
d'Isis, avant & après les Danseurs.

42 12 Morceaux d'après Jordans, Rubens, & 19   12
Bloemart.

43 24 Morceaux de Callot, & les miseres de la 12   7
Guerre, du même Auteur.

44 56 Morceaux gravés en maniere noire, dont 45
plusieurs Portraits intéressans, par Smith.

45 16 Morceaux galants, d'après Mignard, Coy- 33.   4.
pel, & autres.

46 30 Piéces de différens Sujets sacrés & pro- 21.   4.
fanes, de différens Maîtres.

47 Un Portefeuille contenant une grande partie de l'Oeuvre de Mellan.

48 Différens Sujets & Portraits de dévotion.

49 50 Morceaux de Géographie & d'Histoire, de différens Maîtres.

50 50 Morceaux de différens Maîtres, dont les 4 bandes du Siége de la Rochelle, par Callot.

51 10 Morceaux de différentes grandeurs, dont Portraits de Louis XV.

52 Un Carton contenant différens petits morceaux de Picart, le Clerc, la Belle & autres.

53 Recueil des Figures, Groupes, Thermes, Fontaines, Vases, &c. du Château & Parc de Versailles, contenant 220 Planches gravées par Simon Thomassin. *Paris*, 1694. *in* 8.

Estampes montées.

54 La Tentation de Saint Antoine par Callot, montée en verre blanc dans sa bordure de bois noirci.

55 Le Portrait de Louis XIV. par Drevet, dans sa bordure de bois doré, & sous une glace.

56 Le Portrait de Louis XV. par Drevet, dans sa bordure de bois doré, sous une glace.

57 Le Maréchal de Schomberg, par Smith, dans sa bordure de bois noirci, sous verre blanc.

58 Portrait de Madame la Duchesse d'Orleans, seconde femme de Monsieur, gravé par Symonneau, dans sa bordure de bois doré, sous verre blanc.

59 Portrait de M. le Cardinal de Fleury, par Drevet, dans sa bordure de bois doré, sous une glace.

60 Portrait de M. le Comte de Toulouse, par Drevet,

Drevet, dans ſa bordure de bois noirci, ſous verre blanc.

61 Portrait de M. J. B. Boſſuet, Evêque de Meaux, par Drevet, dans ſa bordure de bois doré, ſous glace.

62 Portrait de Mademoiſelle Camargo, par Larmeſſin, dans ſa bordure de bois noirci, ſous un verre blanc.

63 Portrait de M. le Cardinal du Bois, par Drevet, dans ſa bordure de bois doré, ſous glace.

A la ſuite des Livres on expoſera en vente pluſieurs Tableaux originaux des plus habiles Peintres, & un Claveſſin de Denis,

FIN.

9 782014 464801